KB262660

회사
관계
소송

내일을여는지식 법 37

회사관계소송

전형배 지음

한국학술정보(주)

 이 책을 사랑하는 아내와 두 딸에게

　주식회사는 자본주의의 꽃이다. 주주의 유한책임과 회사의 독립된 법인격은 오묘한 조화를 이뤄 자본주의를 눈부시게 성장시켰다. 그러나 아무리 아름다운 꽃이라도 그것이 활짝 피어났을 때 찬사를 받는 것이지 썩고 문드러진 꽃잎을 아름답다고 말하지 않는다. 벌레 먹은 장미를, 비 온 뒤 땅에 떨어진 백목련을 사랑의 징표로 선물하는 이는 없다. 건강하게 본연의 모습을 지킬 때 꽃은 미의 화신이 된다.

　회사도 마찬가지다. 상법이 정한 공정한 절차와 요건을 지키고 그 규정 속에 들어 있는 상도(常道)의 기본원리를 존중할 때만 회사는 자본주의의 주인공이 될 수 있다. 원칙을 무시하고 회사가 소수 지배주주의 이익에 휘둘리거나 회사제도를 남용하여 제3자에게 피해를 주게 되면 회사 혹은 경영자는 법이 정한 제재를 받아야 한다.

　회사관계소송은 모두가 지켜야 하는 약속인 이 원칙을 무시하는 회사 또는 이사를 중심으로 한 경영진에 대하여 민사책임을 추궁하고 나아가 주주, 이사, 채권자, 회사의 이해관계를 조정하는 쟁송수단이다. 따라서 절차운영의 묘미는 이들의 이해관계를 합리적이고 공정하게 조율하기 위해 소송절차 곳곳에 섬세하게 심어 놓은 장치를 얼마나 지혜롭게 사용하는가에 달려 있다.

이 책은 주식회사를 가운데 두고 벌어지는 각종 회사관계소송의 내용을 정리한 것으로 기존 회사법 교과서가 다루고 있는 내용을 심화하고 특히, 민사소송법의 시각으로 회사관계를 바라보면서 소송법을 통해 실현되는 실체법의 내용을 검토하려고 했다. 이것은 실체법과 소송법을 강학상 엄격하게 구분 짓는 방식을 지양하고 양자를 하나의 강의로 통합하려는 저자의 시도 중 하나이다. 이 책이 관련 분야를 공부하는 분들에게 조금이라도 도움이 되었으면 좋겠다.

수차례의 퇴고를 기쁜 마음으로 감당해 준 최안나 조교, 출판을 위해 애써 주신 한국학술정보(주)의 여러 선생님께 감사드린다.

2009년 겨울
강원대학교 법학전문대학원
전형배

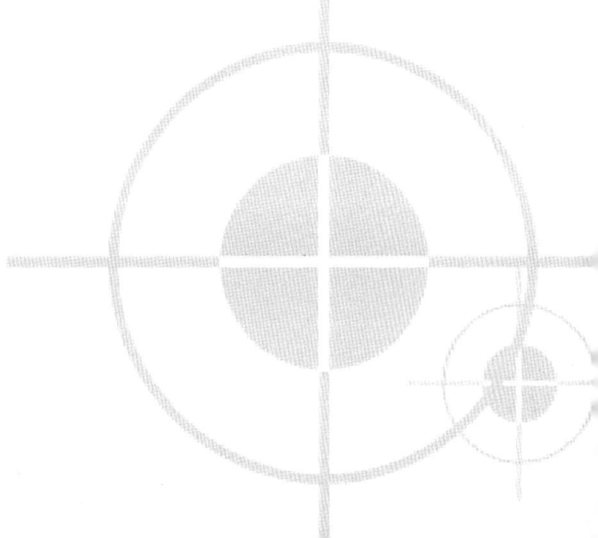

약어표

법원행정처, 법원실무제요『민사집행(Ⅱ), (Ⅳ)』, 법원행정처, 2003 [실무제요(Ⅱ), (Ⅳ)]
손주찬/정동윤(대표집필),『주석 상법(Ⅱ), (Ⅳ)』, 한국사법행정학회, 2000 [손주찬/정동윤(Ⅱ), (Ⅳ)]
이기수 외 2인,『회사법』(제6판), 박영사, 2008   [이기수]
이시윤,『신민사소송법』(제4판), 박영사, 2008   [이시윤(소)]
이시윤,『신민사집행법』(제4판) 박영사, 2007   [이시윤(집)]
이철송,『회사법강의』(제16판), 박영사, 2009   [이철송]
정동윤,『회사법』(제7판), 박영사, 2005   [정동윤]
정동윤/유병현,『민사소송법』(제2판), 법문사, 2007   [정동윤/유병현]
정찬형,『상법강의(상)』(제11판), 박영사, 2008   [정찬형]

新谷 勝,『會社訴訟・仮處分の理論と實務』, 民事法研究會, 2007 [新谷]
東京地方裁判所商事研究會,『類型別會社訴訟 Ⅰ, Ⅱ,』, 判例タイムズ社, 2006
    [商事研究會 Ⅰ, Ⅱ]
東京地方裁判所商事研究會,『商事關係訴訟』, 青林書院, 2006 [商事研究會]
門口正人,『會社訴訟・商社仮處分・商社非訟』, 青林書院, 2001 [門口]

민법   [민]
민사소송법   [민소]
민사집행법   [민집]
비송사건절차법   [비송]
채무자회생 및 파산에 관한 법률   [도산]

제1장

회사관계소송 개관

Ⅰ. 회사관계와 소송

　회사는 다수의 대중으로부터 자본을 끌어들여 이것을 효과적으로 운영함으로써 이윤을 창출하고 창출한 이윤을 투자자와 회사, 그리고 회사의 구성원이 나누어 갖는 자본주의 경제질서의 꽃이다. 이윤창출이라는 효과를 더욱 극대화시키기 위해 회사제도는 점점 정교하게 세분화되었다. 즉, 대중의 자본투자가 쉽도록 주식이라는 단위로 투자단위를 잘게 나누고, 투자자인 주주는 인수한 주식에 대해서만 주금을 납부할 의무를 부담하는 유한책임을 부담하며, 회사의 운영은 주주가 아닌 이사라는 경영진이 담당하게 하였다. 무엇보다 회사는 주주 혹은 이사와 별개인 인격을 갖고 활동하기 때문에 회사실패에 대한 책임도 원칙적으로 회사에 귀속된다. 따라서 유능하지만 불운한 경영자는 다시 회사제도를 통해 회생할 기회를 갖고 주주 또한 출자범위의 손해를 감수할 의사만 있다면 얼마든지 새로운 투자에 참여할 수 있게 된다.

　그러나 회사의 이러한 특징을 지나치게 강조하여 이윤창출의 양만을 중시하게 되면 주주와 채권자의 이익을 외면하고 회사 경영자의 이익만을 추구하거나, 대주주의 의사에 따라 회사의 경영이 좌지우지되기도 하며, 때로는 회사제도를 이용한 사기행각이 벌어지기도 한다. 그뿐 아니라 회사의 규모가 거대해지면서 자본이 회사에 더욱 집중되고 자본이 권력인 자본주의사회에서 회사는 경제적 영역을 넘어 정치, 사회, 문화 영역에 막강한 영향력을 행사하여 사회질서를 거대회사에 유리하게 형성할 우려까지 낳고 있다.

이에 따라 상법은 회사의 성립, 운영, 변동, 소멸이라는 회사의 생애 전 과정에 걸쳐 각종 규제장치를 마련하여 회사가 본래 목표한 정상적인 이윤창출을 도모하면서 제도의 남용이 불러오는 부작용을 최소화하려고 한다. 하지만 이기적이며 탐욕적인 인간이 운영하는 회사가 규제장치를 만들어 놓았다고 해서 회사법의 이상에 따라 건전하게 운영되는 것은 아니다. 상법이 규정하고 있는 각종 기본적인 강행규정이나 그 취지를 위반하여 회사를 운영하는 예가 생기게 되고 주주와 회사, 주주와 이사, 회사와 이사 간 분쟁은 결국 소송을 통해 사법적 판단을 받게 된다. 회사관계소송은 이들 분쟁을 해결하는 전형적인 예라고 할 수 있다.

Ⅱ. 상법이 정하고 있는 회사관계소송

상법에 규정된 주식회사에 관련한 주요 소송을 회사의 성립과 변동, 그리고 소멸의 순서로 언급하여 보면, 설립무효의 소(328조), 주주총회 결의취소의 소(376조), 주주총회 결의무효확인의 소(380조), 주주총회 결의부존재확인의 소(380조), 부당결의취소변경의 소(381조), 위법행위유지의 소(402조), 회사의 이사에 대한 손해배상청구의 소(399조), 제3자의 이사에 대한 손해배상청구의 소(401조), 주주대표소송(403조), 차액/이익 반환의 소(424조의 2, 467조의 2), 이사해임의 소(385조), 신주발행유지의 소(424조), 신주발행무효의 소(429조), 전환사채발행유지·차액반환의 소(516조, 424조, 424조의 2), 신주인수권부사채발행유지·차액반환의 소(516조의 10, 516조 1항, 424조, 424조의 2), 감자무효의 소(445조), 위법배당반환의 소(462조 2항), 회사합병무효의 소(529조), 회사분할무효의 소(530조의 11, 529조), 주식교환무효의 소(360조의 14), 주식이전무효의 소(360조의 23), 회사해산의 소(520조) 등이다. 상법은 보전소송도 규정하고 있는데 이사직무집행정지 및 직무대행자선임 가처분(407조)이 그것이다.

여기에 상법에 규정된 소송은 아니지만 설립비용청구의 소, 주주권확인의 소, 명의개서절차이행의 소, 신주발행부존재확인의 소, 전환사채발행무효·부존재확인의 소, 신주인수권부사채발행무효·부존재확인의 소, 회계장부 열람·등사의 소 등을 생각해 볼 수 있고 다수의 회사관계가처분을 고려할 수 있다.

Ⅲ. 회사관계소송의 특징

1. 형성소송에 따른 특징

회사관계소송 중 여러 유형이 형성의 소로 규정되어 있거나 형성의 소로 명확하게 규정되어 있지 않더라도 해석상 형성의 소로 이해하는 것이 있다. 어떤 소송을 형성의 소로 규정한다는 것은 소송에 의해서만 법률관계를 형성한다는 것이므로 이것은 법률관계를 획일적으로 처리하겠다는 의미이다. 회사관계는 다수의 주주, 채권자, 이사 등의 이해관계가 얽혀 있는 조직법적 특징을 갖고 있기 때문에 상법은 특정 분쟁을 소송을 통해서만 해결하도록 규정하고 있다.

형성의 소로 규정되면 이에 따른 여러 가지 효과 혹은 소송상 제한이 있다. 먼저, 소송의 원고적격에 제한이 있다. 상법은 소송의 원고가 될 수 있는 자를 주주, 이사, 감사, 채권자, 청산인 등으로 제한하고 주주의 지주요건을 정하는 등의 방법으로 재차 원고적격을 제한한다. 또 법률관계의 신속한 안정을 위해 제소 기간을 제한하여 기간이 경과한 때에는 더 이상 법률관계의 하자를 다투지 못하게 한다. 또 소송 유형별로 소의 원인, 구체적으로는 청구원인을 제한하여 소송이 확대되는 것을 막는다. 여기에 전속관할을 규정하여 동일한 청구원인으로 여러 소송이 제기되었을 때 변론의 필요적 병합을 쉽게 하여 법률관계의 합일확정을 도모한다. 그리고 여러 원고가 동시에 소송을 제기하거나 변론이 병합되면 해당 소송을 필요적 공동소송으로 해석하여 소송절차를 일률적으로 운영한다.

원고 승소판결에 대해선 제3자에게 영향을 미치는 대세효를 긍정하여 역시 회사를 중심으로 한 법률관계를 획일적으로 처리한다. 이런 파급효를 고려하여 원고에게 소 제기에 따른 담보제공의무를 부담시키기도 하고 패소할 경우 일정한 손해배상책임을 부담시키기도 한다. 한편, 승소판결에 대하여 소급효를 제한하여 법적 안정성에 대한 고려를 하고 있는 소송도 있다. 소송의 공익적 성격을 고려하여 법원의 허가를 얻지 아니하고는 소의 취하, 청구의 포기·인락, 화해를 할 수 없도록 규정하기도 하고 해석론은 자백의 구속력을 제한하기도 한다. 이하에서는 해당 내용 중 몇 가지를 좀 더 자세히 살펴보고 각 소송을 설명하면서 해당 내용이 적용될 때 별도로 언급하고자 한다.

2. 소송당사자와 공동소송

회사관계소송이 공동소송이 되는 경우는 지주 요건을 갖추기 위해 복수의 주주가 원고가 되거나 기존의 소송에 주주 혹은 회사가 참가할 때, 그리고 수 개의 소송이 변론 병합될 때 등이 있다. 공동소송이 되면 해당 소송이 필수적 공동소송인지를 가려야 한다. 필수적 공동소송에 부여하는 소송상의 특례가 있기 때문이다.

필수적 공동소송은 실체법상 관리처분권이 여러 사람에게 공동 귀속되거나 소송법상 판결의 효력이 제3자에 확장될 때 성립한다. 공동소송이 법률상 강제되고 또 합일확정의 필요가 있는 소송이

고유필수적 공동소송이고 공동소송은 강제되지 않지만 합일확정의 필요가 있는 소송이 유사필수적 공동소송이다.

판례가 고유필수적 공동소송으로 해석하는 회사관계소송으로는 청산인해임의 소(539조 2항)가 있다.[1] 이때는 회사와 청산인 모두를 피고로 삼아야 한다. 같은 취지라면 이사해임의 소(385조 2항)도 이사와 회사를 공동피고로 삼아야 한다.[2] 판결의 효력이 제3자에게 확장되기 때문에 유사필수적 공동소송으로 해석되는 것으로는 여러 사람이 제기하는 회사설립무효의 소(328조), 주주총회결의취소(376조)·무효·부존재확인(380조)의 소, 주주총회부당결의취소변경의 소(381조), 회사합병무효의 소(529조) 등이다. 반사효가 제3자에게 미치기 때문에 유사필수적 공동소송으로 해석되는 예로는 여러 사람의 주주가 제기하는 대표소송(403조)이 있다.[3] 반면, 여러 사람의 연대채무자에 대한 청구는 통상공동소송으로 해석한다. 따라서 수인의 이사를 상대로 주주가 제기한 대표소송(손해배상)은 필수적 공동소송이 아니다. 판례는 주주대표소송에 회사가 참가하면 유사필수적 공동소송이 된다고 해석한다.[4] 수 개의 소송이 변론 병합되면 위 기준에 따라 필수적 공동소송이 된다.

필수적 공동소송이 되면 주주 혹은 회사의 소송행위는 전원의 이익을 위해서만 효력이 있으며(민소 67조 1항) 그 한 사람에 대한 소송행위는 전원에 대하여 효력이 있다(민소 67조 2항). 변론준비, 변론, 증거조사, 판결은 같은 기일에 함께하여야 하므로 변론의 분

---

1) 대법원 1976. 2. 11. 자 75마533 결정.
2) 最高裁判所 平成 10. 3. 27. 判決 참조.
3) 이시윤(소) 654쪽, 정동윤/유병현 905쪽.
4) 대법원 2002. 3. 15. 선고 2000다9086 판결.

리, 일부판결을 할 수 없다. 회사 또는 주주 중 한 사람에 대하여 중단·중지의 원인이 발생하면 다른 공동소송인 전원에 대하여 중단·중지의 효과가 생겨 전 소송절차의 진행이 정지된다. 상고 기간은 각 공동소송인에게 판결 정본이 송달될 때까지 개별적으로 진행되고 회사와 주주 전원에 대하여 상고 기간이 만료될 때까지 판결은 확정되지 아니한다.

3. 제소 기간과 전속관할

　제소 기간의 제한은 법률관계의 조기안정을 위해 둔 규정이다. 그러나 이것을 기계적으로 적용하다 보면 불합리한 회사운영의 잘못을 시정하지 못하는 부작용도 있을 수 있다. 따라서 사안에 따라서 제소 기간의 준수로 해석할 수 있는 여지가 있는 소송은 기간 준수로 처리할 수 있다. 판례는 주주총회 결의부존재확인의 소가 결의취소의 소의 제소 기간 내에 제기되어 있다면, 동일한 하자를 원인으로 하여 결의의 날로부터 2개월이 경과한 후 부존재확인의 소를 결의취소의 소로 변경하거나 추가한 경우에도 부존재확인의 소 제기 시에 결의취소의 소가 제기된 것과 동일하게 취급하여 제소 기간을 준수한 것으로 본다.[5] 전환사채발행유지의 소를 제기하였다가 전환사채발행무효의 소로 소 변경을 할 때도 제소 기간의 준수 여부는 유지청구의 소를 제기한 때를 기준으로 하여야 한다.[6]

---

5) 대법원 2003. 7. 11. 선고 2001다45584 판결.

6) 最高裁判所 平成 5. 12. 16. 判決 참고.

전속관할 규정을 둔 것은 동일한 청구원인을 이유로 수 개의 소송이 제기되더라도 이를 한 법원으로 집중시켜 변론병합을 편리하게 하기 위해서이다. 전속관할이므로 합의관할, 변론관할이 성립되지 않으며 관할이 여러 군데가 되는 경합이 생길 수 없으며 관할위반을 제외하고는 소송이송이 허용되지 아니한다. 전속관할은 법원의 직권조사사항이며 관할 위반은 상소이유가 된다.

4. 처분권주의와 변론주의의 제한

당사자가 법원의 허가를 받지 아니하고는 소의 취하, 청구의 포기·인낙, 화해를 할 수 없도록 규정한 것(403조 6항)은 소송의 공익적 성격에서 비롯되는 처분권주의의 제한이다. 청구의 인락을 규정한 것은 입법의 착오라는 견해가 있는데[7] 이사의 인락의 효력을 부정한다는 의미가 있으므로 입법의 착오라고 볼 수만은 없다. 임의적 화해를 금지하는 이유는 판결의 효력이 제3자에게 미치기 때문인데 소송의 당사자가 소송절차에 참여하지 아니한 제3자의 권리까지 처분할 권한을 인정하지 않는 것이다. 제403조 제6항은 법원의 허가라는 요건을 추가하여 처분권주의의 기본적 취지를 살리면서 소송의 공익적 성격을 유지한다고 말할 수 있다.

인낙을 부정하는 취지에서 피고 자백의 구속력도 부정할 수 있다고 생각한다. 주요사실에 대한 자백의 구속력을 제한 없이 인정하면 결국 청구의 인낙과 동일한 효과가 있기 때문이다.

---

7) 이철송 658쪽.

제2장
회사의 설립과 소송

Ⅰ. 설립무효의 소

1. 소의 의의

회사 설립의 하자에 관한 소송은 회사의 유형에 따라 설립취소의 소와 설립무효의 소가 있다. 합명회사, 합자회사, 유한회사 설립의 하자는 설립무효 및 설립취소의 소로 다툴 수 있지만(184조, 269조, 552조) 주식회사 설립의 하자는 설립무효의 소로만 다툴 수 있다(328조).

상법이 규정하는 회사설립절차는 먼저 발기인이 정관을 작성하고(289조), 신주발행사항을 결정하는 데 크게 발기설립과 모집설립으로 구분된다. 발기설립은 발기인이 주금을 납입하고 임원을 선임하는 등 회사의 실체를 구성하게 되고, 모집설립은 주주를 모집하여 이들이 주금을 납입한 후 창립총회를 개최하여 임원을 선임하는 등 회사의 실체를 구성하고 양자 모두 회사본점소재지에 설립

등기를 한다.

2. 소의 성질

설립무효의 소는 형성의 소이다. 따라서 주식회사의 설립무효는 판결에 의해서만 인정되며 무효판결이 확정되지 아니하고는 회사 설립의 무효를 전제로 한 소송은 인정되지 아니한다. 따라서 회사의 설립무효를 주장하며 회사와 체결한 기존의 계약을 해제하고 원상회복을 구하는 소송은 인정할 수 없다. 이것은 회사가 일단 성립되면 다수의 이해관계자와 거래를 하게 되는데 소송 외적 방법으로 설립무효를 인정하면 회사거래관계가 매우 불안정해져 당사자는 물론 제3자에게 불측의 손해를 입힐 수 있기 때문이다.

3. 제소 기간

상법은 회사성립의 날로부터 2년 내에 설립무효의 소를 제기할 수 있도록 제한하고 있다. 회사성립은 본점소재지에서 설립등기를 한 날이다(172조).

4. 소의 당사자

소송의 원고는 주주, 이사, 감사에 한정되고 회사의 채권자, 발기인 등은 원고가 될 수 없다. 원고를 제한한 것은 역시 이미 성립한 회사의 거래관계를 보호하고자 하는 취지이다. 피고는 성립한 회사이며 소송상 회사의 대표자는 대표이사가 되지만 이사가 원고인 때에는 감사가 회사를 대표한다(394조).

5. 소의 관할

소의 관할은 본점소재지 지방법원의 전속관할이다(328조 2항, 186조). 전속관할이므로 당사자 사이에 관할 합의는 효력이 없고 응소관할도 성립하지 아니한다.

6. 청구취지와 청구원인

소장의 청구취지, 즉 판결의 주문은 "피고 회사의 설립을 무효로 한다."이다. 청구원인에는 원고적격을 기초 짓는 사실관계, 회사설립의 특정, 회사성립일로부터 2년 내에 소가 제기된 사실, 회사설립의 무효원인이 되는 사실 등을 기재한다. 가장 중요한 것은 역시 무효원인데 인적 회사와 달리 취소의 소를 인정하지 아니하는 점 등을 고려하여 해석상 무효원인에는 의사표시의 하자 등 주관적 원인은 인정하지 않고 객관적 하자만을 무효원인으로 하고 있다.[1]

판례 중에는 회사를 발기설립 하면서 상법이 규정한 정관의 작

---

1) 손주찬/정동윤(Ⅱ), 620쪽.

성, 검사인의 조사보고 등 발기설립의 절차를 전혀 밟지 아니하여 회사설립을 무효라고 판단한 예가 있다.[2] 학설상으로는 설립목적이 위법하거나 사회질서에 반하는 경우, 발기인이 존재하지 않은 때, 정관의 절대적 기재사항이 불비한 때, 발기인의 기명날인 또는 공증인의 인증이 없거나 무효인 때, 주식발행사항의 결정이 없거나 그 내용이 위법한 때, 설립 시 발행한 주식 수가 발행예정주식 총수의 4분의 1에 미달한 때, 설립 시 발행주식 총수의 인수 및 납입의 흠결이 현저하여 발기인의 인수·납입담보책임만으로 자본충실을 기할 수 없는 때, 창립총회를 소집하지 않거나 조사·보고를 하지 않은 때 또는 결의가 무효인 때, 설립등기가 무효인 때 등이 언급된다.[3]

7. 소송절차상 특징

소가 제기되면 회사는 지체 없이 그 사실을 공고하여야 한다(328조 2항, 187조). 수 개의 설립무효의 소가 제기된 때에는 법원은 이를 병합 심리하여야 한다(328조 2항, 188조). 공고를 요구하는 것은 소송의 결과에 따른 제3자의 예기치 못한 손해의 발생을 막고자 함이고 병합심리를 강제하는 것은 소송경제와 동일한 무효원인에 대하여 서로 다른 판결이 선고되는 것을 막기 위해서이다. 담보제공 규정은 준용되지 않는다.

---

2) 대법원 1992. 2. 14. 선고 91다31494 판결.
3) 이기수 181쪽, 이철송 220쪽, 정동윤 154쪽, 정찬형 448쪽.

설립무효의 소가 그 심리 중에 원인이 된 하자가 보완되고 회사의 현황과 제반사정을 참작하여 설립을 무효로 하는 것이 부적당하다고 인정한 때에는 법원은 그 청구를 기각할 수 있다(328조 2항, 189조). 재량기각을 인정하는 이유는 회사의 거래가 다수의 이해관계에 영향을 미치기 때문에 기왕에 하자가 치유된 이상에는 기존의 거래를 유지하도록 하는 것이 바람직하기 때문이다.

8. 판결의 효력과 이후의 처리

가. 원고 승소판결의 효력

설립무효의 소에서 원고승소판결이 확정되면, 즉 원인된 하자가 보완되지 못하는 경우에 그 판결이 확정되면 판결은 제3자에 대하여도 그 효력이 있다(328조 2항, 190조 본문). 대세효라고 하는 것인데 회사법률관계는 다수의 이해관계인이 존재하고 회사설립이 무효라면 이들 법률관계를 획일적으로 처리할 필요가 있기 때문이다. 그러나 판결 확정 전에 생긴 회사와 사원 및 제3자 간의 권리의무에는 영향을 미치지 아니한다(328조 2항, 190조 단서). 판결의 소급효를 부정하는 것인데 이것은 기왕의 거래내용을 소급적으로 부정할 경우 생기는 원상회복에 따른 거래의 불안정을 해소하고자 함이다.

나. 원고 패소판결의 효력

원고 패소판결은 대세효가 없다. 따라서 이론적으로는 동일한 무효원인을 주장하며 제3자인 원고가 설립무효의 소를 제기할 수 있기는 하다. 하지만 원고 패소판결이 확정되면, 소를 제기한 자에게 악의 또는 중대한 과실이 있는 때에는 회사에 대하여 연대하여 손해를 배상할 책임이 있기 때문에(328조 2항, 191조) 현실적으로 전소가 패소 확정된 이후 동일한 무효원인을 이유로 삼아 설립무효의 소를 제기하기는 어렵다.

다. 판결 이후의 처리

무효판결이 확정되면 본점과 지점의 소재지에서 등기하여야 하는데(328조 2항, 192조) 제1심 수소법원이 회사의 본점과 지점 소재지의 등기소에 등기를 촉탁하여야 한다(비송 98조). 설립무효의 판결이 확정된 때에는 해산의 경우에 준하여 청산하여야 하고 법원은 사원 기타의 이해관계인의 청구에 의하여 청산인을 선임할 수 있다(328조 2항, 193조).

Ⅱ. 설립비용청구의 소

1. 소의 의의

설립비용이란 회사설립절차에 소요되는 비용을 말하는데 대표적으로 회사설립을 위해 설치한 사무실의 임대료, 사무실 집기의 마련 비용, 통신료, 광고비, 사용인의 보수 등 사무실 유지비용 등이 여기에 포함된다. 설립비용으로 인정되면 설립 후 회사가 해당 비용의 변제의무를 부담하게 된다. 판례에 따르면 개업 준비를 위한 금전차입은 설립비용에 포함되지 않는다.[1] 그런데 만일 발기인이 권한을 남용하여 설립비용을 과다하게 지출하거나 재무서류에 현실과 다르게 과다하게 계상하여 실제 지출비용과의 차액을 수익하게 되면 회사의 자본충실을 해칠 수 있어 상법은 설립비용을 변태설립사항으로 정하고 있다(290조 4호).

2. 소의 성질

설립비용 청구의 소는 상법의 특유한 소송은 아니고 민사소송법

---

1) 대법원 1965. 4. 13. 선고 64다1940 판결(피고조합은 그 조합원의 가구의 공동생산, 공동가공, 공동소비를 목적으로 하여 설립된 조합인 바 피고조합이 설립되기 전의 설립 중인 피고조합 발기인들이 관청에서 하는 부당한 가구 등의 도급수의계약체결을 방지하는 데 공동 노력하기로 하고 그에 필요한 비용을 차입한 금원은 특별한 사정이 없는 한 설립 중인 위 조합의 설립자체를 위한 비용이라고 볼 수 없는 것을 그 조합의 목적사업을 위한 비용이라 하여 설립 후의 조합에게 변제할 책임이 있다고 판단하였음은 설립 중인 법인의 행위에 대하여서의 설립 후의 법인의 책임에 관한 법리를 오해한 위법이 있다).

이 예정하는 일반적인 이행의 소이다. 따라서 소송의 전반에 관하여 민사소송법의 원리가 그대로 관철된다.

3. 제소 기간

제소 기간에 특별한 제한은 없다. 다만, 설립비용의 원인이 된 채권관계에서 발생한 채권은 상사채권으로서 5년의 소멸시효가 적용되므로 시효주장이 소송법상 항변사유이기는 하나 제소를 함에 있어 고려할 필요는 있다.

4. 소의 당사자

원고는 회사설립을 위해 설치한 사무실의 임대인, 사무실 집기를 제공한 매도인 혹은 임대인, 통신요금을 청구할 수 있는 통신사, 광고 업무를 수행한 광고업자, 보수를 청구할 권한이 있는 사용인 등 설립비용의 원인이 된 채권관계의 채권자이다.

청구하는 금원의 성격이 회사가 부담할 설립비용이라면 피고는 성립 후의 회사가 된다. 그런데 정관에 기재하지 아니한 비용 또는 정관의 기재를 초과한 비용의 지출에 대해서도 성립 후의 회사에 청구할 수 있는지 문제될 수 있고 이것은 소송 전 단계에서 피고를 선정하는 문제와 연결된다. 변태설립사항의 취지를 고려한다고 하여도 소요된 비용의 성격과 액수가 명확하고 합리적이라면 이를 성립 후의 회사가 부담하도록 하는 것이 법률관계를 명확히 하고 분쟁을 간명하게 해결하는 길이라고 생각한다. 학설은 판례도 성립 후의 회사가 부담한다는 태도를 취한다고 해석한다.[2]

5. 소의 관할

원칙적으로 소는 피고의 보통재판적이 있는 곳의 법원이 관할하고(민소 2조) 법인의 보통재판적은 그 주된 사무소 또는 영업소가 있는 곳에 따라 정하게 되므로(민소 5조 1항), 설립비용 청구의 소는 회사의 정관 및 법인등기부등본에 기재된 본점의 주소지 관할 법원에 제기할 수 있다. 그러나 설립비용의 의무이행지는 지참채무의 원칙에 따라 원고의 주소를 선택할 수 있으므로 채권자인 원고의 주소지 법원에 소를 제기할 수도 있다(민소 8조).

6. 청구취지와 청구원인

청구취지는 "피고는 원고에게 돈 ○○○원 및 위 돈에 대하여 20XX. X. X.부터 이 사건 소장 부본 송달일까지는 연 5%의, 그 다음 날부터 다 갚는 날까지는 연 20%의 각 비율에 의한 돈을 지급하라."이다. 청구원인에는 당사자의 관계, 금전지급채권의 성립원

---

2) 대법원 1994. 3. 28. 자 93마1916 결정이 언급되는 판례인데 이 판례의 이유에는 "회사의 설립비용은 발기인이 설립 중의 회사의 기관으로서 회사설립을 위하여 지출한 비용으로서 원래 회사성립 후에는 회사가 부담하여야 하는 것"이라는 원론적인 표현만 있어서 판례가 과연 성립 후의 회사에게 비용의 전액을 부담시키는 판단을 하고 있는지 다소 모호하다.

인이 된 사실, 변제기, 변제기 이후에도 채무이행을 하지 아니한 사실 등을 기재하면 족하다.

7. 소송절차 및 판결의 효력과 이후의 처리

일반적인 이행의 소에 준하여 처리하기 때문에 소 제기 사실을 공고할 의무가 없으며 원고승소판결에 대세효가 없으며 판결은 장래효만 갖는다. 아울러 소송에 패소한 원고도 손해배상책임을 부담하지 아니한다. 재량기각도 할 수 없다.

제3장
주주총회결의와 소송

Ⅰ. 주주총회 결의취소의 소

1. 소의 의의

주주총회는 주식회사의 최고의결기관으로서 회사의 경영권에 관한 분쟁이나 특정 의결사항에 대한 다수파와 소수파의 대립 등은 대부분 주주총회를 통해서 발현된다. 따라서 주주총회의 의결절차와 방식을 합리적으로 규율하지 아니하면 다수결의 원칙이 관철되는 주주총회 의결방식의 특성상 소수주주의 의사가 일방적으로 무시된 상태에서 대주주의 의사대로 주주총회가 좌지우지될 수 있다. 따라서 상법은 주주총회의 소집, 권한, 의결권의 행사방식, 진행절차 및 의결의 하자를 다투는 4가지 소송을 구체적으로 규정하고 있다.

그러나 상법 제361조는 주주총회는 상법 또는 정관에서 정하는 사항에 의하여 의결할 수 있도록 규정하고 있어 실제로는 주주총회의 권한을 축소하고 이사회의 권한을 강화하고 있다. 이것에 대해선 상법이 소유와 경영의 분리를 지향하는 것이라는 평가가 있다.[1] 반면 이사회의 권한이 강화되면 될수록 주주의 이익, 특히 소수주주의 이익이 무시될 가능성이 크고 이사회를 지배한 대주주의 뜻대로 주식회사가 개인 기업처럼 운영될 여지도 있다. 따라서 주주총회와 이사회의 권한분배가 문제되는 사안에서는 주식회사의 본질에 비추어 구체적으로 타당한 해결점이 어디인지를 확인하면서 해석하여야 한다.

상법이 정하고 있는 주주총회의 하자를 다루는 소송은 주주총회 결의취소의 소(376조), 주주총회 결의무효확인의 소(380조), 주주총회 결의부존재확인의 소(380조), 부당결의취소변경의 소(381조)가 있다. 각각의 소를 제기할 수 있는 요건은 다소 차이가 있는데 때에 따라서는 각 소의 경계가 모호한 경우도 있으며, 부당결의취소변경의 소는 과연 현실적으로 효용성이 있는지 의문스런 점도 있다.

2. 소의 성질

결의취소의 소는 일단 유효한 결의를 판결에 의하여 무효로 하는 것이므로 형성의 소라고 해석하고 있다.[2] 앞서 언급한 설립무효의 소는 규정 자체(328조 1항)에 소만으로 무효를 다투도록 하고

---

1) 이철송 393쪽.
2) 손주찬/정동윤(Ⅱ) 304쪽, 정동윤 365쪽, 정찬형 809쪽.

있기 때문에 형성의 소라는 점에 큰 이의가 없다. 이런 명시적인 규정이 없는 경우에는 형성의 소로 분류하는 일반적인 기준을 가지고 검토할 필요가 있다. 형성의 소는 법규 자체에 원고적격자나 피고적격자를 정해 놓고 있는 경우가 많은데 이럴 때는 다른 특별한 사정이 없는 한 형성의 소로 해석할 여지가 많다. 결의취소의 소는 법문에서 원고를 주주, 이사, 감사로 한정하여 형성의 소로 인정할 여지가 많고 회사법상 다른 소송도 형성의 소로 입법한 예를 확인할 수 있어 형성의 소로 해석할 수 있다. 민사소송법학에서도 결의취소의 소를 대표적인 형성의 소로 언급한다.[3]

3. 제소 기간

법문은 결의의 날로부터 2개월 내에 소를 제기할 수 있도록 하고 있는데 이 기간은 제척 기간으로 해석을 하며 제척 기간이 도과한 후 제기된 소는 부적법 각하된다. 다만, 주주총회 부존재확인의 소가 결의취소의 소의 제소 기간 내에 제기되어 있다면, 동일한 하자를 원인으로 하여 결의의 날로부터 2개월이 경과한 후 부존재확인의 소를 결의취소의 소로 변경하거나 추가한 경우에도 부존재확인의 소 제기 시에 결의취소의 소가 제기된 것과 동일하게 취급하여 제소 기간을 준수한 것으로 보아야 한다.[4]

---

3) 이시윤(소) 134쪽, 정동윤/유병현 62쪽.
4) 대법원 2003. 7. 11. 선고 2001다45584 판결.

4. 소의 당사자

결의취소의 소의 원고는 주주, 이사, 감사로 한정된다. 이것은 주주총회 결의와 이해관계가 가장 크고 또 충실한 소송수행을 기대할 수 있는 자에게 원고적격을 부여한 것이다.[5]

소가 제기되면 상대방인 회사는 원고적격을 먼저 문제 삼기 때문에 관련 판례도 많이 축적되어 있다. 결의취소의 소는 주주총회의 운영 전반이 공정하게 운영되도록 견제하는 장치이기 때문에 소 제기 당시 주주의 지위에 있으면 원고적격은 충족된다. 이런 제도의 취지 때문에 다른 주주에 대한 소집절차상의 하자를 이유로 소를 제기할 수도 있다.[6] 그러나 주주는 원칙적으로 명의개서 된 자로 한정하기 때문에 명의개서를 하지 아니한 기명주식의 양수인이나 하자 있는 제권판결 이전에 주식을 선의취득 한 자는 원고적격이 없다.[7] 제도의 취지상 결의에 찬성한 주주도 원고적격이 있다. 의결권이 없는 주주에 대해서도 주주총회의 합리적 운영을 요구할 권리가 있으므로 원고적격을 인정하는 것이 적절할 것 같다.

이사, 감사는 원칙적으로 제소 당시에 그 자격을 유지하고 있어야 하지만 결의를 통해서 이사, 감사의 직을 박탈당한 자는 그 부당성을 다툴 수 있도록 예외적으로 원고적격을 긍정하여야 한다. 법률 또는 정관에 정한 이사의 원수를 결한 경우에는 임기의 만료 또는 사임으로 인하여 퇴임한 이사, 대표이사는 새로 선임된 이사가 취임

---

5) 이철송 485쪽.
6) 대법원 2003. 7. 11. 선고 2001다45584 판결.
7) 대법원 1991. 5. 28. 선고 90다6774 판결.

할 때까지 이사의 권리의무가 있으므로 이사나 대표이사가 사임하여 퇴임하였다 하더라도 그 퇴임에 의하여 법률 또는 정관 소정의 이사의 원수를 결하게 됨으로써 적법하게 선임된 이사가 취임할 때까지 여전히 이사로서의 권리의무를 보유하는 경우에는 이사로서 그 후임이사를 선임한 주주총회 결의취소를 구할 수 있다.[8]

주주의 지위는 원칙적으로 변론종결 시까지 유지하여야 하므로 원칙적으로 이사, 감사가 소송계속 중 그 지위를 잃으면 소는 부적법 각하된다. 그러나 소의 공익적 성격을 중시하여 다른 주주 또는 이사, 감사의 소송수계권을 인정하여야 한다는 견해도 있으며[9] 주주권의 재산권적 성격을 강조하여 주주가 사망하면 상속인에게 소송수계를 인정해야 한다는 견해도 있다.[10]

주주총회의 결의는 회사의 최고의사결정이고 기판력의 효력범위도 고려하면 피고는 주식회사가 된다. 주식회사의 대표자는 대표이사가 되는데 원고가 이사이면 감사가 회사를 대표한다(394조). 결의취소를 구하는 내용이 대표이사의 선임에 관한 것이라도 회사의 대표자는 기왕에 선임되어 대표이사로 등기된 자이다.[11]

5. 소의 관할

결의취소의 소는 피고 회사 본점소재지의 지방법원 전속관할이

---

8) 대법원 1992. 8. 14. 선고 91다45141 판결.
9) 이철송 486쪽.
10) 손주찬/정동윤(Ⅱ) 308쪽, 이기수 421쪽, 정동윤 367쪽.
11) 대법원 1983. 3. 22. 선고 82다카1810 전원합의체 판결.

다(376조 2항, 186조). 본소가 다수의 이해관계에 영향을 미친다는 점과 변론병합의 편리성을 고려한 것이다. 전속관할이므로 합의관할, 변론관할이 성립되지 않으며 관할이 여러 군데가 되는 경합이 생길 수 없으며 관할 위반을 제외하고는 소송이송이 허용되지 아니한다. 전속관할은 법원의 직권조사사항이며 관할 위반은 상소이유가 된다.

6. 청구취지와 청구원인

청구취지는 "피고회사의 20XX. X. X. 자 임시주주총회에서 ……한다는 취지의 결의를 취소한다."이다.

청구원인에는 원고적격에 관한 사실, 청구취지에 기재한 주주총회가 개최된 사실, 해당 주주총회에 취소사유가 존재한다는 사실을 기재하여야 한다. 청구원인은 법문에서 정한 바에 따라 크게 ① 소집절차가 법령 또는 정관에 위반하거나 현저하게 불공정한 때, ② 의결방법이 법령 또는 정관에 위반하거나 현저하게 불공정한 때, ③ 의결의 내용이 정관에 위반한 때로 나눌 수 있다. 현실적으로는 명문의 규정으로 이미 정해진 내용을 위반하는 의결을 무리하게 강행하는 예는 드물기 때문에 분쟁의 대부분은 소집절차 혹은 의결방법에 집중된다.

가. 소집절차의 하자

이사회의 결정 없이 주주총회가 소집되었다고 하더라도 외관상 이사회의 결정이 있었던 것과 같은 소집형식을 갖추어 소집권한 있는 자가 적법한 소집절차를 밟은 이상 이사회의 결정이 없었다는 사정은 주주총회결의부존재의 사유는 되지 않고 주주총회결의 취소의 사유가 된다.[12] 대표이사 아닌 이사가 이사회의 소집 결의에 따라서 주주총회를 소집한 때도 취소의 사유가 된다.[13]

정당한 소집권자에 의하여 소집된 주주총회에서 정족수가 넘는 주주의 출석으로 출석주주 전원의 찬성에 의하여 이루어진 결의라면, 설사 일부 주주에게 소집통지를 하지 아니하였거나 법정 기간을 준수하지 아니한 서면통지에 의하여 주주총회가 소집되었다 하더라도 그와 같은 주주총회소집절차상의 하자는 주주총회결의의 부존재 또는 무효사유가 아니라 취소사유가 된다.[14] 주식을 취득한 자가 회사에 대하여 명의개서를 요구하였다 하더라도, 그 주식 취득자에 대한 주식양도의 효력이 다투어져 주주권확인소송 및 명의개서절차이행청구의 소가 제기되어 있었고, 그 주식 취득자가 명의개서를 청구할 수 있는 주식이 전체 주식의 43%에 불과한 경우에, 회사가 그 주식 취득자의 명의개서 요구에 불응하고 주주명부에 등재되어 있는 자에 대하여만 소집통지를 하여 주주총회를 개최하였다면 소집절차상의 하자는 결의취소의 사유이다.[15]

---

12) 대법원 1980. 10. 27. 선고 79다1264 판결.
13) 대법원 1993. 9. 10. 선고 93도698 판결.
14) 대법원 1993. 10. 12. 선고 92다21692 판결.
15) 대법원 1996. 12. 23. 선고 96다32768,32775,32782 판결.

한편, 절차의 하자치유에 관하여 임시주주총회가 법령 및 정관상 요구되는 이사회의 결의 없이 또한 그 소집절차를 생략하고 이루어졌다고 하더라도, 주주의 의결권을 적법하게 위임받은 수임인과 다른 주주 전원이 참석하여 총회를 개최하는 데 동의하고 아무런 이의 없이 만장일치로 결의가 이루어졌다면 이는 다른 특별한 사정이 없는 한 유효하다고 본다.[16] 주식회사에 있어서 회사가 설립된 이후 총 주식을 한 사람이 소유하게 된 이른바 1인회사의 경우에는 그 주주가 유일한 주주로서 주주총회에 출석하면 전원 총회로서 성립하고 그 주주의 의사대로 결의가 될 것임이 명백하므로 따로 총회소집절차가 필요 없고, 실제로 총회를 개최한 사실이 없었다 하더라도 그 1인 주주에 의하여 의결이 있었던 것으로 주주총회의사록이 작성되었다면 특별한 사정이 없는 한 그 내용의 결의가 있었던 것으로 볼 수 있고, 이는 실질적으로 1인회사인 주식회사의 주주총회의 경우도 마찬가지며, 그 주주총회의사록이 작성되지 아니한 경우라도 증거에 의하여 주주총회 결의가 있었던 것으로 볼 수 있다.[17]

나. 의결방법의 하자

주주총회가 적법하게 소집되어 개회된 이상 의결권 없는 자가 의결권을 행사하였으며 동인이 의결권을 행사한 주식 수를 제외하면 의결정족수에 미달하여 총회결의에 하자가 있다는 주장은 주주

---

16) 대법원 1993. 2. 26. 선고 92다48727 판결(이 사건은 결의부존재확인의 소였다).
17) 대법원 2004. 12. 10. 선고 2004다25123 판결.

총회 결의방법이 법령 또는 정관에 위반하는 경우에 해당하여 결의취소의 사유에 해당한다.[18] 주주명부상의 주주가 실질주주가 아님을 회사가 알고 있었고 이를 용이하게 증명할 수 있었는데도 형식주주에게 소집통지를 하고 의결권을 행사하게 하였다면 취소의 사유가 된다.[19] 원칙적으로 주주총회 소집을 함에 있어서 회의의 목적 사항으로 한 것 이외에는 결의할 수 없으며 이에 위배된 결의는 결의취소의 사유다.[20] 사실상 주주 2인으로 구성된 주식회사의 일방 주주 측이 다른 주주의 회의장 입장을 부당하게 방해하였고, 그 의사진행방식 및 결의방식이 개최시각보다 지연 입장하게 된 다른 주주의 의결권 행사를 최대한 보장하는 방법으로 이루어지지 아니하여 신의칙에 반한 것이라면 주주총회 결의방법이 현저하게 불공정한 때에 해당한다.[21] 정관상 의장이 될 사람이 아닌 자가 정당한 사유 없이 주주총회의 의장이 되어 의사에 관여한 사유는 결의취소의 사유다.[22] 다만, 주주총회에서 의안에 대한 심사를 마치지 아니한 채 법률상으로나 사실상으로 의사를 진행할 수 있는 상태에서 주주들의 의사에 반하여 의장이 자진하여 퇴장한 경우 주주총회가 폐회되었다거나 종결되었다고 할 수는 없으며, 이 경우 의장은 적절한 의사운영을 하여 의사일정의 전부를 종료케 하는 등의 직책을 포기하고 그의 권한 및 권리행사를 하지 아니하였다

---

18) 대법원 1983. 8. 23. 선고 83도748 판결.

19) 대법원 1998. 9. 8. 선고 96다45818 판결.

20) 대법원 1979. 3. 27. 선고 79다19 판결.

21) 대법원 1996. 12. 20. 선고 96다39998 판결(판례의 사건명은 주주총회결의 무효확인인데 내용으로 보면, 결의취소의 사유이다).

22) 대법원 1977. 9. 28. 선고 76다2386 판결.

고 볼 것이므로, 퇴장 당시 회의장에 남아 있던 주주들이 임시의장을 선출하여 진행한 주주총회의 결의도 적법하다.[23]

다. 의결내용의 정관위반의 하자

대법원 판결은 없는 것으로 보이며 학설로는 정관이 정하는 이사의 자격에 미달한 자를 선임하는 결의, 정관이 정하는 정원을 초과하여 이사를 선임하는 결의, 이사에게 정관에서 정한 금액 이상의 보수를 지급하는 결의 등이 언급된다.[24] 그러나 현실적으로 명문의 규정에 반하는 내용의 결의를 무리하게 강행할 여지는 별로 없을 것이다.

7. 소송절차상 특징

가. 담보제공

주주가 결의취소의 소를 제기한 때에는 법원은 회사의 청구에 의하여 상당한 담보를 제공할 것을 명할 수 있다. 그러나 주주가 이사 또는 감사인 때에는 그러하지 아니하다(377조 1항). 담보제공은 원고 패소 시 생길 수 있는 회사의 손해를 전보하는 기능과 남소를 방지하는 기능을 수행한다. 그래서 회사가 담보제공명령을 청구한 때에는 이해관계인의 청구가 악의임을 소명하여야 한다(377조

---

23) 대법원 2001. 5. 15. 선고 2001다12973 판결(주주총회결의 부존재확인을 구한 소송이다).
24) 이철송 484쪽, 정동윤 367쪽.

2항, 176조 4항). 악의란 주주의 정당한 이익을 위한 것이 아니고 회사를 곤란하게 할 의도이다.[25] 그러나 지나치게 많은 액수의 담보제공을 명령하게 되면 때에 따라선 선의의 주주 제소권을 위축시키는 결과를 초래하기 때문에 담보제공명령은 탄력적으로 운영하여야 한다.

법원은 담보를 제공하도록 명하는 결정에서 담보액과 담보제공의 기간을 정하는데(민소 120조 1항) 담보의 제공은 금전 또는 법원이 인정하는 유가증권을 공탁하거나 대법원규칙이 정하는 바에 따라 지급을 보증하겠다는 위탁계약을 맺은 문서를 제출하는 방법으로 한다. 다만, 당사자들 사이에 특별한 약정이 있으면 그에 따른다(민소 122조). 담보제공신청에 관한 결정에 대하여는 즉시항고를 할 수 있다(민소 121조). 회사는 소송비용에 관하여 담보물에 대하여 질권자와 동일한 권리를 갖는다(민소 123조). 담보를 제공하여야 할 기간 이내에 원고가 담보를 제공하지 아니하는 때에는 법원은 변론 없이 판결로 소를 각하할 수 있다. 다만, 판결하기 전에 담보를 제공한 때에는 그러하지 아니하다(124조). 담보제공자가 담보하여야 할 사유가 소멸되었음을 증명하면서 취소신청을 하면, 법원은 담보취소결정을 하여야 한다(125조 1항). 담보제공자가 담보취소에 대한 담보권리자의 동의를 받았음을 증명한 때에도 법원은 담보취소결정을 하는데(125조 2항) 통상 당사자 간 합의에 따라 소를 취하할 경우 이와 같이 처리한다.

---

25) 손주찬/정동윤(Ⅱ) 316쪽, 이기수 423쪽, 정동윤 369쪽.

나. 소 제기의 공고

결의취소의 소가 제기되면 회사는 지체 없이 그 사실을 공고하여야 한다(376조 2항, 187조). 소 제기 사실을 이해관계인에게 알려 피해의 확산을 막기 위해서이다.

다. 필요적 변론병합

수 개의 결의취소의 소가 제기된 때에는 법원은 이를 병합 심리하여야 한다. 병합된 소는 유사필수적 공동소송의 성격을 갖는다.

라. 재량기각

법원은 결의의 내용, 회사의 현황과 제반사정을 고려하여 그 취소가 부적당하다고 인정한 때에는 그 청구를 기각할 수 있다(379조). 이것은 결의의 절차에 하자가 있는 경우에 결의를 취소하여도 회사 또는 주주의 이익이 되지 않든가 이미 결의가 집행되었기 때문에 이를 취소하여도 아무런 효과가 없든가 하는 때에 결의를 취소함으로써 오히려 회사에게 손해를 끼치거나 일반거래의 안전을 해치는 것을 막고 또 소의 제기로써 회사의 질서를 문란케 하는 것을 방지하려는 취지이다.[26] 청구를 기각할 수 있는 예로는 극히 일부의 주주에게 소집통지를 하지 않은 경우, 극히 일부의 의결권 없는 자의 의결권행사가 있는 경우 등 하자가 결의의 효력에 영향을 미칠 수 없는 때, 결의를 취소할 경우 회사에게 생기는 불이익이

---

26) 대법원 1987. 9. 8. 선고 86다카2971 판결.

현저한 때가 있다.[27]

8. 판결의 효력과 이후의 처리

가. 원고 승소판결의 효력

결의취소의 소에서 원고승소판결이 확정되면 판결은 제3자에 대하여도 그 효력이 있다(394조 2항, 190조 본문). 회사법률관계는 다수의 이해관계인이 존재하고 주주총회결의가 무효라면 이들 법률관계를 획일적으로 처리할 필요가 있기 때문이다. 법문상으로는 불소급효 규정(190조 단서)을 준용하고 있지 아니하여 결의취소의 소가 결의내용에 관계없이 항상 소급효가 있는지 애매할 수 있다. 이에 대하여 학설은 결의사항의 내용에 따라 소급효의 인정 여부를 결정하려고 하는데 예를 들어 임원의 보수결정, 이사의 책임면제, 이익배당 등 1회적·완료적 사항에 대하여 소급효를 긍정하고 결의를 전제로 이후 계속적 거래행위가 진전하는 경우에는 소급효를 부정하는 경향이 있다.[28] 그러나 결의내용을 구별하여 소급효를 부정하는 것은 소급효를 제한한 종전 규정을 개정한 취지에 반하는 해석으로 보이기 때문에 규정에 충실하게 소급효를 인정하되 불합리한 결과가 생긴 때에만 외관이론으로 선의의 제3자를 보호하는 것이 타당하다.

---

27) 손주찬/정동윤(Ⅱ) 318쪽, 정동윤 369쪽, 정찬형 808쪽.
28) 손주찬/정동윤(Ⅱ) 311쪽, 정동윤 370쪽. 소급효 긍정설에는 이기수 425쪽, 정찬형 808쪽.

나. 원고 패소판결의 효력

원고가 패소하면 민소소송의 일반원칙에 따라 판결의 효력은 소송의 당사자에게만 미친다. 결의취소의 소를 제기한 자가 악의 또는 중대한 과실이 있는 때에는 회사에 대하여 연대하여 손해를 배상할 책임이 있다(376조 2항, 191조). 전보할 손해액은 이미 공탁된 담보액에 한정되지 아니하며 회사가 입증한 손해의 액에 따라 결정된다.

다. 판결 이후의 처리

결의한 사항이 등기된 경우에 결의취소의 판결이 확정된 때에는 본점과 지점의 소재지에서 취소판결의 내용을 등기하여야 한다(378조).

Ⅱ. 주주총회 결의무효확인의 소

제380조(결의무효 및 부존재확인의 소) 제186조 내지 제188조, 제190조 본문, 제191조, 제 377조와 제378조의 규정은 총회의 결의의 내용이 법령에 위반한 것을 이유로 하여 결의무효 의 확인을 청구하는 소에 이를 준용한다.

1. 소의 의의

결의의 내용이 법령에 위반한 것일 때에는 결의무효의 소를 제기할 수 있다. 결의의 내용이 정관에 위반한 것일 때에는 결의취소의 소의 사유가 된다. 1995년 상법개정 전에는 결의의 형식적 하자는 결의취소, 실질적 하자는 결의무효확인 사유로 하였으나 법률개정에 따라 무효사유는 결의의 내용이 법령에 위반한 경우로 한정된다. 앞서 살핀 것과 같이 결의취소의 소를 제기하여야 할 사안에서 결의무효확인의 소를 제기하였을 때, 결의무효확인의 소가 결의취소의 소 제소 기간 내에 제기된 것이라면 취소소송으로 소변경이 가능하다.[1]

2. 소의 성질

결의무효확인의 소가 확인의 소인지 형성의 소인지 의견대립이

---

1) 대법원 2003. 7. 11. 선고 2001다45584 판결.

있다. 이것은 결의무효확인의 소가 형성의 소의 특징이라고 할 수 있는 제소권자, 제소 기간 등의 제한을 두고 있지 않고 소만으로 결의사항을 다툴 수 있다는 규정도 두고 있지 않기 때문에 생기는 문제이다. 확인의 소라고 한다면 결의무효확인을 전제로 한 부당이득반환소송 등 후속 소송에서 결의의 무효를 주장할 수 있지만 형성의 소라고 한다면 먼저 별도의 소로서 무효확인 판결을 받아야만 해당 결의를 기초로 하여 이뤄진 거래행위의 무효를 주장할 수 있다.

확인의 소로 본다면 무효확인 판결에 대세효를 인정하는 것이 되어(380조, 190조 본문) 일반적인 확인의 소의 성질과 배치되고 형성의 소로 보는 것이 회사법률관계를 획일적으로 처리할 수 있기 때문에 형성의 소로 보는 것이 타당하다.

판례는 결의무효확인의 소를 확인의 소로 이해한다고 한다.[2]

3. 제소 기간

형성의 소이지만 결의내용이 법령에 위반한 중대한 하자를 다투는 것이어서 제소 기간에 제한을 두고 있지 아니하다. 취소의 소가 제소 기간을 2개월로 제한하고 있는 것과 준별되는 점이다.

---

2) 대법원 1963. 5. 17. 선고 4294민상1115 판결(손주찬/정동윤(Ⅱ) 320쪽 각주 4)에서 인용).

4. 소의 당사자

　하자의 특성상 결의로 인한 피해가 제3자의 실질적인 권리관계에 영향을 줄 수 있어 원고적격을 제한하고 있지 아니하다. 널리 확인의 이익을 가진 자는 모두 원고적격이 있다. 주주, 이사, 감사가 원고가 된 경우에는 결의취소의 소에서 설명한 바와 동일한 내용이 적용된다.

　무효확인 판결은 대세적 효력이 있으므로 피고는 회사가 된다.[3] 한편, 임원선임의 임시주주총회결의무효확인의 소에 있어서 동 주주총회에 의하여 임원으로 선임되었다는 임원들이 모두 그 직을 사임하여 사임등기까지 경료되고 그 후 새로운 임원이 선임되었다면 특별한 사정이 없는 한 임시주주총회 결의의 무효확인을 구할 법률상 이익이 없다.[4]

5. 소의 관할

　결의무효확인의 소는 피고 회사 본점 소재지의 지방법원 전속관할이다(380조, 186조). 결의취소의 소에서 언급한 전속관할에 관한 설명은 결의무효확인의 소에도 그대로 적용된다.

---

3) 대법원 1982. 9. 14. 선고 80다2425 전원합의체 판결.
4) 대법원 1982. 9. 14. 선고 80다2425 전원합의체 판결.

6. 청구취지와 청구원인

청구취지는 "피고 회사의 20XX. X. X. 자 주주총회에서 ……한 다는 취지의 결의는 무효임을 확인한다."이다.

청구원인에는 원고적격을 기초 짓는 사실, 청구취지 기재의 주주 총회 결의가 있었던 사실, 해당 결의 내용이 법령에 위반한 사실을 기재하여야 한다. 결의내용이 주주총회의 권한사항이 아닌 때, 주 식평등의 원칙에 반하는 때, 주주유한책임의 원칙에 반한 때 등 널 리 상법의 강행규정을 위반한 때와 상법이 아니더라도 기타 강행 법규나 사회질서(민 103조)에 위반한 때 등이다. 결의의 내용이 정 관과 법령을 위반한 것이 아니라면 취소 및 무효의 사유가 되지 아 니하는데 학설 중에는 다수결의 남용 등은 불공정한 결의로 보고 이것을 결의무효확인의 소의 대상으로 삼는 설명이 있다.[5]

7. 소송절차상 특징

결의무효확인의 소가 제기되면 법원은 회사의 청구에 의하여 상당 한 담보를 제공할 것을 명할 수 있다(380조, 377조). 따라서 담보제 공과 관련해서 결의취소의 소에서 설명한 내용은 그대로 적용된다.

결의무효확인의 소가 제기되면 회사는 지체 없이 그 사실을 공 고하여야 한다(380조, 187조). 수 개의 결의무효확인의 소가 제기된 때에는 법원은 이를 병합 심리하여야 한다(380조, 188조). 재량기각

---

5) 이철송 488쪽.

에 관한 규정은 결의무효확인의 소에는 적용되지 아니한다.

8. 판결의 효력과 이후의 처리

결의무효확인의 소에서 원고승소판결이 확정되면 판결은 제3자에 대해서도 효력이 있다(380조, 190조 본문). 결의무효확인의 소도 소급효를 제한하지 않는다. 따라서 판결은 원칙적으로 결의 시에 소급하여 효력을 갖는다.

결의한 사항이 등기된 경우에 결의무효확인의 판결이 확정된 때에는 본점과 지점의 소재지에서 등기하여야 한다(380조, 378조).

결의무효확인의 소를 제기한 자가 악의 또는 중대한 과실이 있는 때에는 회사에 대하여 연대하여 손해를 배상할 책임이 있다(380조, 191조).

Ⅲ. 주주총회 결의부존재확인의 소

1. 소의 의의

총회의 소집절차 또는 결의방법에 총회결의가 존재한다고 볼 수 없을 정도의 중대한 하자가 있을 때에는 결의부존재확인의 소를 제기할 수 있다. 소집절차와 결의방법의 하자에 대해서 다투는 것은 결의취소의 소와 동일한데 하자의 중대성을 고려하여 제소권자와 제소 기간의 제한을 두고 있지 않다.

1984년 상법 개정 이전부터 판례에서 인정해 온 소송의 형태를 명문화한 것이다. 결의부존재확인의 소는 앞서 언급한 것처럼 제소권자와 제소 기간의 제한이 없기 때문에 소송전략상 이용이 용이하고 친인척 중심으로 운영되는 비상장회사의 주주총회 운영을 보면 부존재를 주장할 만한 상법규정의 위반이 많아 판례도 많이 집적되어 있다. 다만, 하자의 정도를 기준으로 결의취소의 소와 부존재확인의 소를 구별하다 보니 사안에 따라서는 하자의 정도가 취소사유인지 부존재사유인지 판단하기 애매한 때가 있다.

한편, 결의무효확인의 소와 결의부존재확인의 소는 그 청구이유가 서로 다른데 판례는 회사의 총회결의에 대한 부존재확인청구나 무효확인청구는 모두 법률상 유효한 결의의 효과가 현재 존재하지 아니함을 확인받고자 하는 점에서 동일한 것이므로 예컨대, 사원총회가 적법한 소집권자에 의하여 소집되지 않았을 뿐 아니라 정당한 사원 아닌 자들이 모여서 개최한 집회에 불과하여 법률상 부존재로 볼 수밖에 없는 총회결의에 대하여는 결의무효확인을 청구하고 있다고 하여도 이는 부존재확인의 의미로 무효확인을 청구하는 취지라고 풀이할 수 있다고 한다.[1] 그렇다면 부존재사유에 해당하는 사안에 대해 무효확인을 구했을지라도 소의 변경을 할 수 있을 것이다.

2. 소의 성질

소의 성질은 결의취소의 소에서 밝힌 바와 같이 형성의 소라고 보아야 하는데 판례는 확인의 소라는 견해다. 즉 원래 상법 제380조에 규정된 주주총회결의부존재확인의 소는 그 법적 성질이 확인의 소에 속하고 그 부존재확인판결도 확인판결이라고 보아야 할 것이어서, 설립무효의 판결 또는 설립취소의 판결과 같은 형성판결에 적용되는 상법 제190조의 규정을 주주총회결의 부존재확인판결에도 준용하는 것이 타당한 것인지의 여부가 이론상 문제될 수 있으나, 그럼에도 불구하고 상법 제380조가 제190조의 규정을 준용하고 있는 것은, 제380조 소정의 주주총회결의 부존재확인의 소도

---

1) 대법원 1983. 3. 22. 선고 82다카1810 전원합의체 판결.

이를 회사법상의 소로 취급하여 그 판결에 대세적 효력을 부여하되, 주주나 제3자를 보호하기 위하여 그 판결이 확정되기까지 그 주주총회의 결의를 기초로 하여 이미 형성된 법률관계를 유효한 것으로 취급함으로써 회사에 관한 법률관계에 법적 안정성을 보장하여 주려는 법정책적인 판단의 결과라고 설명한다.[2]

3. 제소 기간

제소 기간에는 제한이 없다.

4. 소의 당사자

결의무효확인의 소와 같이 원고적격에 제한을 두고 있지 아니하나 확인의 이익을 가지는 자에 대한 판례가 축적되어 있다. 주권발행 전 주식을 양도한 원시주주도 주주총회의 결의 내용이 자기의 권리 또는 법적 지위에 대한 불안 내지 위험이 있는 것일 때에는 확인의 이익이 있다.[3]

이사가 임원 개임의 주주총회결의에 의하여 임기만료 전에 이사직에서 해임당하고 그 후임이사의 선임이 있었다 하더라도 그 후에 적법한 절차에 의하여 후임이사가 선임되었을 경우에는 당초의 이사개임결의가 부존재한다 할지라도 이에 대한 부존재확인을 구

---

2) 대법원 1992. 8. 18. 선고 91다39924 판결.
3) 대법원 1970. 3. 10. 선고 69다1812 판결.

하는 것은 과거의 법률관계 내지 권리관계의 확인을 구하는 것에 귀착되어 확인의 소로서의 권리보호요건을 결여한 것이라 할 것이나 후임이사 선임결의가 부존재하거나 무효 등의 사유가 있어 상법 제386조 제1항에 의하여 구이사가 계속 권리의무를 가지게 되는 경우에는 당초의 해임결의의 부존재확인을 구할 법률상의 이익이 있다.[4]

그러나 명의개서를 하지 아니한 기명주식의 양수인이나 하자 있는 제권판결 이전에 주식을 선의취득 한 자는 주주총회결의무효확인을 소구할 이익이 없다.[5] 주식양도인이 양수인에게 주권을 교부할 의무를 이행하지 않고 그 후의 임시주주총회결의의 부존재확인 청구를 하는 것은, 주권교부의무를 불이행한 자가 오히려 그 의무불이행상태를 권리로 주장함을 전제로 하는 것으로서 신의성실의 원칙에 반하는 소권의 행사로서 부적법하다.[6]

주식회사의 채권자는 그 주주총회의 결의가 그 채권자의 권리 또는 법적 지위를 구체적으로 침해하고 또 직접적으로 이에 영향을 미치는 경우에 한하여 주주총회결의의 부존재확인을 구할 이익이 있다. 따라서 채권자가 회사의 채무를 담보하기 위하여 제공한 제3자 소유의 부동산이 경매되어 제3자가 회사에 대하여 구상금채권을 보유하거나, 채권자가 은행에 회사의 채무를 변제하고 그 소유부동산에 설정된 은행 명의의 근저당권을 말소하여 회사에 대하여 구상금채권을 보유하고 있는 사실만으로는 소의 이익을 인정

---

4) 대법원 1991. 12. 13. 선고 90다카1158 판결; 대법원 1992. 8. 14. 선고 91다45141 판결.
5) 대법원 1991. 5. 28. 선고 90다6774 판결.
6) 대법원 1991. 12. 13. 선고 90다카1158 판결.

할 수 없다.[7] 법인이 정기총회에서 적법하게 대표권 있는 이사를 선출하였으나 등기업무의 편의상 정기총회를 열지 않은 날에 정기총회를 열어 이사를 선출한 것처럼 총회 의사록을 작성하여 이사의 취임등기를 마친 경우, 총회 의사록에 따른 총회결의의 부존재확인을 구할 소의 이익이 없다.[8]

소의 피고는 회사이다.

5. 소의 관할

결의부존재확인의 소는 피고 회사 본점 소재지의 지방법원 전속관할이다(380조, 186조). 결의취소의 소에서 언급한 전속관할에 관한 설명은 결의부존재확인의 소에도 그대로 적용된다.

6. 청구취지와 청구원인

청구취지는 "피고 회사의 20XX. X. X. 자 주주총회에서 ……한다는 취지의 결의는 존재하지 아니함을 확인한다."이다.

청구원인에는 원고적격을 기초 짓는 사실, 청구취지기재의 주주총회의결이 있었던 외관이 존재한다는 사실, 당해 주주총회의결이 부존재한다고 인정할 수 있는 사정을 기재하여야 한다. 판례에 나타난 부존재사유로는, 주주총회소집에 이사회의 결의가 없는데 소

---

7) 대법원 1992. 8. 14. 선고 91다45141 판결.
8) 대법원 2006. 11. 9. 선고 2006다50949 판결.

집 결의를 한 허위내용의 이사회의사록을 작성하여 소집을 한 때,[9] 주주의 전부 또는 대부분의 주주에게 소집통지를 발송하지 아니하고 주주총회를 개최한 때,[10] 대표이사와 이사가 형사 구속된 것을 알게 된 당일 오후에 주주총회를 개최한 때,[11] 대표이사가 임시주주총회를 개최한다는 통지를 하였으나 주주총회 당일 소란으로 인하여 사회자가 주주총회의 산회선언을 하였는데 그 후 주주 3인이 별도의 장소에 모여 주주총회 결의를 한 때,[12] A주식회사가 B회사 주식의 98%를 소유하고 있는데 B회사의 정관변경 결의를 하면서 소집절차와 결의절차를 거치지 아니한 채 주주총회의 결의가 있었던 것처럼 주주총회 의사록을 허위로 작성한 때[13] 등이 있다.

한편, 주식회사와 전혀 관계가 없는 사람이 주주총회의사록을 위조한 경우와 같이 주식회사 내부의 의사결정 자체가 아예 존재하지 않는 경우에 이를 확인하는 판결은 주주총회결의부존재확인판결에 해당하지 않는다는 것이 판례[14]인데 이를 보통 표현결의라고 부른

---

9) 대법원 1978. 9. 26. 선고 78다1219 판결.

10) 대법원 1978. 11. 14. 선고 78다1269 판결.

11) 대법원 1964. 5. 26. 선고 63다670.

12) 대법원 1993. 10. 12. 선고 92다28235,28242 판결.

13) 대법원 2007. 2. 22. 선고 2005다73020 판결.

14) 대법원 1992. 8. 18. 선고 91다39924 판결[비록 주주총회의 소집절차 또는 결의방법에 중대한 하자가 있어서 법률상 유효한 주주총회의 결의가 존재하지 않았던 것과 같이 평가할 수밖에 없더라도 주주총회의 결의라는 주식회사 내부의 의사결정이 일단 존재하는 경우에는, 의사결정절차상의 하자라는 주식회사 내부의 사정을 이유로 그 주주총회의 결의를 기초로 하여 발전된 사단적인 법률관계를 일거에 무너뜨리거나 그 주주총회의 결의가 유효한 것으로 믿고 거래한 제3자가 피해를 입도록 방치하는 결과가 되어서는 부당하다고 할 것이나, 이런 경우와는 달리 주주총회의 의사결정 자체가 전혀 존재하지 않았던 경우에는, 상법 제39조(불실의 등기)나 제395조(표현대표이사의 행위와 회사의 책임) 또는 민법에 정하여져 있는 제3자 보호규정 등에 의하여 선의의 제3자를 개별적으로 구제하는 것은 별론으로 하고, 특별한 사정이 없는 한 그와 같이 처음부터 존재하지도 않는 주주총회의 결의에 대하여 주식회사에게 책임을 지울 이유가 없기 때문이다].

다. 표현결의에 해당하면 민사소송법상 통상의 무효확인의 소로 취급한다. 주주총회를 소집, 개최함이 없이 주주총회의사록만 작성하였거나 또는 외형상 당해 회사의 주주총회로 볼 수 없는 회의를 개최하여 의사록을 작성한 경우와 같이 외형상 당해 회사의 주주총회 결의의 존재를 인정하기 어려운 경우도 표현결의로 본다.[15]

주주총회 자체가 소집된 바 없을 뿐만 아니라 결의서 등 그 결의의 존재를 인정할 아무런 외관적인 징표도 찾아볼 수 없는 때는 확인의 이익이 없어 부적법하다.[16]

7. 소송절차상 특징

결의부존재확인의 소가 제기되면 법원은 회사의 청구에 의하여 상당한 담보를 제공할 것을 명할 수 있다(380조, 377조). 따라서 담보제공과 관련해서 결의취소의 소에서 설명한 내용은 그대로 적용된다.

결의부존재확인의 소가 제기되면 회사는 지체 없이 그 사실을 공고하여야 한다(380조, 187조). 수 개의 결의부존재확인의 소가 제기된 때에는 법원은 이를 병합 심리하여야 한다(380조, 188조). 재량기각에 관한 규정은 결의부존재확인의 소에는 적용되지 아니한다.

---

15) 대법원 1992. 8. 18. 선고 91다14369 판결.
16) 대법원 1993. 3. 26. 선고 92다32876 판결.

8. 판결의 효력과 이후의 처리

결의부존재확인의 소에서 원고승소판결이 확정되면 판결은 제3자에 대해서도 효력이 있다(380조, 190조 본문). 결의부존재확인의 소도 소급효를 제한하지 않는다. 따라서 판결은 원칙적으로 결의시에 소급하여 효력을 갖는다.

결의한 사항이 등기된 경우에 결의부존재확인의 판결이 확정된 때에는 본점과 지점의 소재지에서 등기하여야 한다(380조, 378조).

결의부존재확인의 소를 제기한 자가 악의 또는 중대한 과실이 있는 때에는 회사에 대하여 연대하여 손해를 배상할 책임이 있다(380조, 191조).

Ⅳ. 부당결의취소변경의 소

1. 소의 의의

부당결의취소변경의 소는 총회의 의결에 관하여 특별한 이해관계가 있어 의결권을 행사할 수 없었던 경우에 결의가 현저히 부당하고 그 주주가 의결권을 행사하였더라면 이를 저지할 수 있었을 때에 제기할 수 있는 소이다. 이해관계가 있는 주주의 의결권이 제한되는 점을 악용하여 소수주주가 현저히 부당한 결의를 할 때, 이것을 다시 회복시키는 제도이다. 부당결의 취소뿐만 아니라 결의변경까지 할 수 있는 점에서 매우 강력한 형태의 소송이라고 할 수 있다.

그러나 결의의 내용이 정관에 위반하여 현저히 부당한 것이라면 결의 당시 의결권이 없던 주주는 결의취소의 소를 제기할 수 있고, 결의의 내용이 법령에 위반한 것일 때는 결의무효확인의 소를 제기할 수 있으며 학설에 따르면 결의의 내용이 정관이나 법령을 위반하지 아니하더라도 그것이 거래관념상 용인할 수 없는 불공정한 결의라면 역시 결의무효확인의 소를 제기할 수 있다고 해석하기 때문에 별도로 결의취소변경의 소를 입법했어야 했는지는 의문스럽다. 다만, 앞서 언급한 것처럼 결의취소를 넘어 결의변경까지 허용한 점에서 이 소송의 실익을 긍정할 수는 있다. 결의변경을 인정하기 때문에 문제가 되는 사안을 가지고 다시 주주총회를 개최할 필요가 없고 결의변경의 판결이 주주총회의 결의를 갈음하게 된다.

2. 소의 성질

부당결의취소변경의 소는 형성의 소이다. 법문에 법원이 결의내용을 변경할 수 있다는, 즉 형성할 수 있다는 점을 명백히 하고 있고 소송의 원고, 제소 기간 등이 규정되어 있는 등 형성의 소의 전형적 표지를 가지고 있다.

3. 제소 기간

자격을 갖춘 주주는 주주총회의 결의의 날로부터 2개월 내에 소를 제기하여야 한다.

4. 소의 당사자

원고는 특별한 이해관계가 있어 의결권을 행사할 수 없었던 주주이다. 따라서 소송기술상 피고 회사는 원고가 결의 내용과 특별한 이해관계가 없다는 점을 주장하면서 원고적격을 부인할 수 있다. 특별한 이해관계의 의미에 대해서는 의견이 분분한데 결의에 의해 권리의무의 득실이 생기는가를 기준으로 하는 견해, 특정주주의 이해에만 관계되는가를 기준으로 하는 견해, 특정주주가 주주의 지위와 관계없이 개인적으로 이해관계가 있는가를 기준으로 하는 견해 등이 있으며 통설은 마지막 견해이다. 마지막 견해인 개인법설에 의하면 발기인, 이사, 감사, 감사위원의 책임을 면책할 때 발기인, 이사, 감사, 감사위원인 주주, 영업양도 등의 결의를 할 때 거래상대방인 주주, 임원의 보수를 정할 때 임원인 주주 등이 특별한 이해관계자가 된다.[1] 반면, 사단관계에 기하여 가지는 이해관계는 특별이해관계로 보지 않는다. 따라서 이사, 감사의 선임 또는 해임결의에서 해당 이사, 감사인 주주, 재무제표의 승인결의 때 이사인 주주는 특별한 이해관계가 없다.[2]

피고는 회사다.

5. 소의 관할

부당결의취소변경의 소는 피고 회사 본점 소재지의 지방법원 전속관할이다(381조, 186조). 결의취소의 소에서 언급한 전속관할에 관한 설명은 부당결의취소변경의 소에도 그대로 적용된다.

---

1) 이철송 423쪽.
2) 손주찬/정동윤(Ⅱ) 268쪽.

6. 청구취지와 청구원인

　부당결의취소의 소의 청구취지는 결의취소의 청구취지와 동일하게 "피고회사의 20XX. X. X. 자 임시주주총회에서 ……한다는 취지의 결의를 취소한다."이다. 부당결의변경의 소의 청구취지는 "피고회사의 20XX. X. X. 자 임시주주총회에서 ……한다는 취지의 결의는 ……로 변경한다."이다.

　청구원인에는 원고적격을 기초 짓는 사실, 제소 기간 내 소가 제기된 사실, 청구취지기재의 주주총회결의가 있었고 그것이 현저한 부당한 사실, 원고에게 결의사항과 특별한 이해관계가 있고 이로 인하여 의결권이 제한된 사실, 원고가 의결권을 행사하였더라면 결의내용을 저지할 수 있었다는 사실을 기재하여야 한다.

　결의가 현저히 부당하다는 것은 결의의 내용이 법령 또는 정관에 위반한 경우는 물론, 이를 위반하지 아니한 때에도 그것이 거래관념상 현저하게 회사 또는 이해관계인의 이익을 해한다는 것을 뜻한다. 예를 들어 회사 영업의 일부를 의결권을 제한받는 주주에게 양도하기로 회사와 주주 간에 이미 가계약을 한 상태에서 특별한 이유 없이 본 계약의 체결을 부인하는 결의를 생각해 볼 수 있다.

7. 소송절차상 특징

　부당결의취소변경의 소가 제기되면 법원은 회사의 청구에 의하여 상당한 담보를 제공할 것을 명할 수 있다(381조, 377조). 따라서 담보제공과 관련해서 결의취소의 소에서 설명한 내용은 그대로 적용된다.

부당결의취소변경의 소가 제기되면 회사는 지체 없이 그 사실을 공고하여야 한다(381조, 187조). 수 개의 결의부존재확인의 소가 제기된 때에는 법원은 이를 병합 심리하여야 한다(381조, 188조). 재량기각에 관한 규정은 부당결의취소변경의 소에는 적용되지 아니한다.

8. 판결의 효력과 이후의 처리

부당결의취소변경의 소에서 원고승소판결이 확정되면 판결은 제3자에 대해서도 효력이 있다(381조, 190조 본문). 부당결의취소변경의 소도 소급효를 제한하지 않는다. 따라서 판결은 원칙적으로 결의 시에 소급하여 효력을 갖는다.

결의한 사항이 등기된 경우에 부당결의취소변경의 판결이 확정된 때에는 본점과 지점의 소재지에서 등기하여야 한다(381조, 378조).

부당결의취소변경의 소를 제기한 자가 악의 또는 중대한 과실이 있는 때에는 회사에 대하여 연대하여 손해를 배상할 책임이 있다(381조, 191조).

제4장
이사의 책임과 소송

Ⅰ. 위법행위유지의 소

제402조(유지청구권) 이사가 법령 또는 정관에 위반한 행위를 하여 이로 인하여 회사에 회복할 수 없는 손해가 생길 염려가 있는 경우에는 감사 또는 발행주식의 총수의 100분의 1 이상에 해당하는 주식을 가진 주주는 회사를 위하여 이사에 대하여 그 행위를 유지할 것을 청구할 수 있다.
제415조의 2(감사위원회) ⑦ 제296조·제312조·제367조·제387조·제391조의 2 제2항·제394조 제1항·제400조·제402조 내지 제407조·제412조 내지 제414조·제447조의 3·제447조의 4·제450조·제527조의 4·제530조의 5 제1항 제9호·제530조의 6 제1항 제10호 및 제534조의 규정은 감사위원회에 관하여 이를 준용한다.

1. 소의 의의

현대 상법은 급변하는 주식회사의 외부상황에 회사가 신속하고 적절하게 대응할 수 있도록 주주총회보다는 이사회에 권한을 집중시키고 있다. 권한이 집중되면 그만큼 남용될 우려도 많은데 이에 따라 이사를 견제하려는 적극적인 견제 및 책임추궁 수단을 마련하고 있다. 사전적 견제수단으로는 유지청구권에 근거한 유지청구의 소를 들 수 있고[1] 사후적 책임추궁수단으로는 손해배상청구의 소, 주주 대표소송, 이사해임의 소를 열거할 수 있다.

---

[1] 보전소송으로는 이사의 위법행위유지가처분과 직무집행정지가처분을 생각해 볼 수 있다.

이사가 법령 또는 정관에 위반한 행위를 하여 이로 인하여 회사에 회복할 수 없는 손해가 생길 염려가 있는 경우에는 감사 또는 발생주식총수의 100분의 1 이상에 해당하는 주식을 가진 주주는 회사를 위하여 이사에 대하여 그 행위의 유지를 청구할 수 있다(402조). 1984년 상법개정 때 도입된 제도이다. 유지청구권은 의사표시에 의하여 행사할 수 있지만 이사가 이를 거절하면 결국엔 소송의 제기를 통해서 관철할 수밖에 없다. 상법은 일반적인 위법행위유지의 소외에 신주발행유지청구(424조)를 별도로 인정하고 있다.

유지청구의 소는 주주대표소송과 비슷한 구조를 가지고 있다. 즉 소수주주나 감사가 회사의 대표자와 비슷한 지위에서 제기하는 소송으로 공익적 성격이 강하다. 다만, 대표소송은 손해의 사후전보를 목적으로 하지만 위법행위유지의 소는 회사의 손해방지를 목적으로 한다는 점에서 차이가 있다. 한편, 본소송의 원고는 주주 또는 감사인데 감사의 지위가 독립적이지 못한 상황에서 회사 외부에 있는 주주에게 소 제기를 기댈 수밖에 없지만 이사회 내부의 의사결정에 대해서 구체적으로 알지 못하는 주주에게 소 제기를 기대하기는 어렵다. 결국, 좋은 취지에서 도입한 제도이지만 이사회의 의결절차가 구체적으로 적시에 주주에게 공시되는 보완장치가 없으면 활성화되기 어렵다.

2. 소의 성질

위법행위유지의 소는 일종의 이행의 소이다. 따라서 위법행위 이

후 이사의 책임을 추궁할 때 이 소의 제기와 승소판결이 책임추궁
의 소의 선결문제가 되지 않는다.

3. 제소 기간

기간을 정한 제소 기간은 없으나 소의 성격상 위법행위가 행하
여지기 전까지 소가 제기되어야 한다. 위법행위가 이미 있은 후에
는 소의 이익이 없어 각하된다.[2] 따라서 현실적으로는 이 소송을
제기하기보다는 유지청구권을 피보전권리로 하는 위법행위유지 가
처분이 실익이 있는 소송의 형태가 된다.[3]

4. 소의 당사자

원고적격은 감사 또는 발행주식 총수의 100분의 1 이상에 해당
하는 주식을 가진 주주가 갖는다. 남소를 막기 위해 유지청구를 소
수주주권으로 하고 있다. 상장회사는 6개월 이상 계속하여 발행주
식 총수의 10만 분의 50(자본금 1,000억 원 이상인 회사는 10만 분
의 25)을 보유한 자가 유지청구를 할 수 있다(542조의 6 5항). 주식
을 보유한 자에는 2명 이상의 주주의 주주권을 공동으로 행사하는
자도 포함하기 때문에(542조의 6 7항), 복수의 주주가 갖는 주식
수의 합이 발행주식 총수의 100분의 1 이상이면 이를 공동으로 행

---

2) 이 때문에 입법론에 문제를 제기하는 견해도 있다(이철송 651쪽).
3) 위법행위유지가처분에 대해선 해당 부분(제9장 Ⅲ)을 참조하기 바란다.

사하여 이 소를 제기할 수 있다.

피고는 이사 개인이다. 유지청구는 감사 또는 이사가 회사의 권리를 회사를 위하여 행사하는 것이므로 회사를 상대로 할 수 없다. 이사의 고의 과실은 묻지 않는다.[4]

한편, 위법행위유지청구권 제도는 주식회사의 청산인(542조 2항)에도 준용되므로 청산회사에 대해선 청산인이 피고가 된다.

5. 소의 관할

소의 관할에 관해서는 대표소송과 동일한 구조로 되어 있는 소의 특성에 착안하여 대표소송의 관련 규정을 유추 적용한다는 견해가 통설이라고 한다. 그렇다면 위법행위유지의 소는 피고 회사 본점 소재지 지방법원의 전속관할이다(186조).

6. 청구취지와 청구원인

청구취지는 "피고는, A 주식회사의 20XX. X. X. 자 이사회결의 내용 중, 별지목록에 기재된 것에 관하여 일체의 처분을 하여서는 아니 된다."이다.

청구원인은 원고적격을 기초 짓는 사실, 이사가 법령 또는 정관에 위반한 행위를 하려는 사실, 이로 인하여 회사에 회복할 수 없

---

4) 손주찬/정동윤(Ⅱ) 468쪽, 정찬형 907쪽.

는 손해가 생길 염려가 있다는 사실을 기재하여야 한다.

법령 또는 정관에 위반하는 행위란 법령 또는 정관의 구체적인 규정에 위반하는 행위를 포함한다. 예들 들어 자기주식취득금지(314조), 이사회의 결의 없는 사채의 발행(469조) 등이 있다. 법령에 위반한 행위를 이사의 선관주의의무를 위반한 일반적인 특정 행위라고 해석하는 견해가 있다.[5] 이 견해에 의하면 유지청구는 이사의 행위 전반을 규율하는 제도가 된다.

정관에 위반한 행위로는 먼저 정관에 규정된 각종 절차규정을 이사회가 위반하고 특정 행위로 나아가는 것을 생각해 볼 수 있는데 널리 정관에 기재된 목적을 벗어난 행위도 포함된다.

회복할 수 없는 손해의 가능성이 있어야 한다. 일단 이사가 그 재산을 처분하게 되면 그것을 회복할 수 없는 때, 이사의 손해배상책임에 의하여서도 그 손해를 전보할 수 없는 때 등[6]이다. 회복이 불가능한 것만을 뜻하는 것이 아니라 회복을 위한 비용이나 절차 등으로 보아 회복이 곤란하거나 상당한 시일이 요하는 경우도 유지청구가 인정된다.[7]

7. 소송절차상의 특징

통설은 위법행위유지청구의 소에 주주대표소송의 각 규정을 유추 적용할 수 있다고 해석한다. 따라서 소를 제기한 당사자는 법원

---

5) 손주찬/정동윤(Ⅱ) 467쪽, 정동윤 462쪽, 門口 443頁.
6) 손주찬/정동윤(Ⅱ) 468쪽, 정동윤 463쪽.
7) 이철송 646쪽, 정동윤 462쪽, 정찬형 907쪽.

의 허가를 얻지 아니하고는 소의 취하, 청구의 포기·인낙, 화해를 할 수 없다(403조 6항). 또 위법행위유지청구소송 계속 중 회사는 소송에 참가할 수 있다(404조 1항). 소를 제기한 당사자는 소 제기 후 지체 없이 회사에 대하여 그 소송의 고지를 하여야 한다.

또, 소를 제기한 주주가 승소한 때에는 그 주주는 회사에 대하여 소송비용 및 그 밖에 소송으로 인하여 지출한 비용 중 상당한 금액의 지급을 청구할 수 있다. 이 경우 소송비용을 지급한 회사는 이사에 대하여 구상권이 있다(405조 1항). 소를 제기한 주주가 패소한 때에는 악의인 경우를 제외하고 회사에 대하여 손해를 배상할 책임이 없다(405조 2항).

위법행위유지의 소가 제기된 경우에 원고와 피고의 공모로 인하여 소송의 목적인 회사의 권리를 침해할 목적으로써 판결을 하게 한 때에는 회사 또는 주주는 확정한 종국판결에 대하여 재심의 소를 제기할 수 있다(406조). 절차에 관한 자세한 사항은 주주대표소송에서 설명한다.

8. 판결의 효력과 이후의 처리

이사가 위법행위유지청구의 판결을 받고도 판결의 취지에 따라 위법행위를 중단하지 아니하고 이로 인하여 회사에 손해가 생기면 상법 제399조에 따라 회사에 대하여 손해배상책임을 진다. 위법행위유지판결은 이때 이사의 임무해태를 인정하는 강력한 증거로 사용된다. 유지청구를 무시하고 진행한 행위의 효력은 어떠한가? 신주발행이나 사채발행과 같은 단체법적 행위는 유효하고, 매매·대차와 같은 개인법적 거래행위는 상대방이 유지청구의 사실을 안 경우에는 회사가 무효를 주장할 수 있다는 견해가 있다.[8] 반면, 소수주주가 유지청구를 했다는 사실만으로 행위 위법성 혹은 적법성을 추정하는 것은 과잉된 것으로서 행위 유형과 상대방의 선의악의에 관계없이 항상 유효하다는 견해가 있다.[9]

위법행위유지청구가 부당함에도 이사가 행위를 유지하면, 사안에 따라선 유지행위가 법령 또는 정관을 위반하거나 임무해태가 될 수도 있다고 해석하는 견해도 있지만 그것이 소에 의하여 이뤄졌다면 이사의 임무해태 등을 인정하기 어렵다.

---

8) 손주찬/정동윤(Ⅱ) 470쪽, 정동윤 464쪽.

9) 이기수 362쪽, 이철송 651쪽, 정찬형 909쪽.

Ⅱ. 회사의 이사에 대한 손해배상청구의 소

1. 소의 의의

이사는 회사에 대하여 민법의 위임관계가 있기 때문에 선량한 관리자의 주의의무를 부담한다(382조 2항, 민 681조). 따라서 이사가 주의의무를 위반하여 회사에게 손해를 끼치면 회사는 위임계약 위반의 책임, 즉 채무불이행책임을 추궁할 수 있다. 나아가 이사의 행위가 별도로 불법행위를 구성하면 민법 제750조 근거하여 손해배상청구도 할 수 있다. 이와 관련하여 제399조가 상법상의 법정책임을 규정한 것인지 논란이 있다. 제399조의 책임이 법정책임이라면 회사는 이사를 상대로 민법상의 책임 외에 상법을 근거로 별도의 손해배상청구를 할 수 있는 이점이 있다. 판례는 이사의 회사에 대한 임무해태로 인한 손해배상책임은 위임관계로 인한 채무불이행책임이고 따라서 소멸시효 기간은 일반채무와 같이 10년이라고 해석한다.[1]

---

1) 대법원 1985. 6. 25. 선고 84다카1954 판결.

2. 소의 성질

　이사에 대한 손해배상청구의 소는 민사소송법이 예정하는 일반적인 이행의 소이다. 따라서 소송의 전반에 관하여 민사소송법의 원리가 그대로 관철된다.

3. 제소 기간

　제소 기간의 특별한 제한은 없다. 다만, 판례와 같이 손해배상의무의 성격을 채무불이행책임으로 이해하면 10년의 소멸시효 기간이 적용되므로 시효주장이 소송법상 항변사유이기는 하나 제소를 함에 있어 고려할 필요는 있다.

4. 소의 당사자

　원고는 회사가 되고 피고는 법령 또는 정관에 위반한 행위를 하거나 그 임무를 해태하여 회사에 손해를 가한 이사가 된다. 복수의 이사가 손해를 가한 때에는 회사에 대하여 연대책임을 부담한다. 이사들이 연대책임을 부담한다고는 하지만 합일확정의 필요가 있는 필수적 공동소송은 아니다. 필수적 공동소송은 실체법상 관리처분권이 여러 사람에게 공동 귀속되거나 소송법상 판결의 효력이 제3자에 확장되어야 하는데 이 소송은 이 2가지 경우에 포함되지 않기 때문이다.[2] 실천적으로도 회사는 여러 이사 중 특정인과 소송상 합의를 할 수 있고 다른 이사를 상대로 소송을 계속 진행할 수도 있다. 판례도 순차 경료된 등기 또는 수인 앞으로 경료된 공유등기의 말소청구소송은 권리관계의 합일적인 확정을 필요로 하는 필요적 공동소송이 아니라 통상공동소송이며, 이와 같은 통상공동소송에서는 공동당사자들 상호 간의 공격 방어 방법의 차이에 따라 모순되는 결론이 발생할 수 있고, 이는 변론주의를 원칙으로 하는 소송제도 아래서는 부득이한 일로서 판결의 이유모순이나 이유불비가 될 수 없다고 보고 있다.[3]

이사들에 대한 소송은 통상공동소송이므로 공동소송인독립의 원칙(민소 66조)이 적용되어 이사 1인의 소송행위는 다른 이사에게 이익으로도 불이익으로도 영향을 미치지 않는다. 따라서 피고인 개별 이사는 승소를 위해서 개별적으로 항변사유를 주장·입증하여야 한다. 다만, 병합심리에 의하는 이상 변론의 전 취지 및 증거조사 결과 얻은 심증은 각 이사에게 공통이기 때문에 이사 1인이 제출한 증거는 다른 이사의 원용이 없더라도 그를 위한 유리한 증거로 사용할 수 있다(증거공통).[4] 이사 1인이 회사의 주장사실을 다투며 항변하는 등 다른 이사들에게 유리한 행위를 할 때 다른 이사들의 원용 없이도 그에게 효력이 미치는가라는 주장공통의 문제에 대해 판례는 부정적이다.[5]

---

2) 이시윤(소) 655쪽, 정동윤/유병현 908쪽.

3) 대법원 1991. 4. 12. 선고 90다9872 판결.

4) 그러나 이사 상호 간 이해상반인 사항(대법원 1992. 12. 14. 선고 92마369 판결), 이사 1인이 자백을 하는 경우에는 증거공통의 원칙이 적용되지 아니한다(대법원 1976. 8. 24. 선고 75다2152 판결).

5) 대법원 1994. 5. 10. 선고 93다47196 판결.

상법 제401조의 2는 업무집행지시자 등을 이사에 준하여 처리하고 이들에게 제399조 책임을 부과하고 있기 때문에 이들도 손해배상청구의 소의 피고가 될 수 있다. 여기에는 ① 회사에 대한 자신의 영향력을 이용하여 이사에게 업무집행을 지시한 자(업무집행지시자), ② 이사의 이름으로 직접 업무를 집행한 자(이사명의모용자), ③ 이사가 아니면서 명예회장·회장·사장·부사장·전무·상무·이사 기타 업무를 집행할 권한이 있는 것으로 인정될 만한 명칭을 사용하여 회사의 업무를 집행한 자(표현이사)가 포함된다. 이들을 이사로 의제하는 이유는 회사의 경영권은 재벌의 총수가 독단적으로 행사하면서 이에 따르는 법적 책임은 형식적 하수인에 불과한 이사에게 부담시키는 폐해를 방지하기 위해서이다. 1998년 상법개정 때 도입된 규정이다. 하지만 업무집행지시자 등의 책임을 긍정하기 위해선 소송법상 증명이라는 어려운 문제가 있기 때문에 이사 등 내부자의 구체적인 고발이 있지 아니하면 실제 소송으로 그 책임을 추궁하기는 매우 어려울 것으로 보인다.

업무집행지시자가 회사에 대한 자신의 영향력을 이용한다는 것은 회사의 의사결정에 힘을 미친다는 것으로 주로 지배주주가 법적 절차를 거치지 아니하고 영향을 미치는 것을 의미한다. 이사에게 업무집행을 지시한다는 것은 업무집행에 대하여 해당 이사가 거부할 수 없는 간섭을 한다는 정도로 넓게 해석하여야 한다. 따라서 지시는 간접적·직접적 방법, 명시적·묵시적 방법이 모두 포함된다.

이사명의모용자는 이사를 선임하고도 해당 이사의 권한을 이사가 아닌 자가 행사하는 극단적인 경우를 예정한 것이다. 표현이사는 이사라는 직명을 이미 사용하고 있기 때문에 회사에 대한 영향력을 이용한다는 요건은 불필요하며 회사의 직명사용허락의 유무 혹은 상대방의 신뢰 여부도 불필요한 요건이라고 해석한다.[6]

업무집행지시자 등의 영향 아래 이사가 제399조가 정한 위법한 행위를 하게 되면 이사는 업무집행지시자 등과 연대하여 회사에 대해 손해를 배상할 책임을 부담하게 된다(401조의 2 2항). 양자의 책임관계는 부진정연대채무관계이다. 업무집행지시자 등에 관해서는 제400조를 준용하지 않으므로 총주주의 동의로 책임을 면책할 수 없다.[7]

5. 소의 관할

원칙적으로 소는 피고의 보통재판적이 있는 곳의 법원이 관할하고(민소 2조) 사람의 보통재판적은 그의 주소에 따라 정하기 때문에(민소 3조 본문), 이사를 상대로 한 손해배상의 소는 이사의 주소지 관할 법원에 제기할 수 있다. 그러나 채무불이행을 이유로 손해배상소송을 제기하면 손해배상의 의무이행지는 지참채무의 원칙에 따라 회사의 주소지가 되므로 회사는 본점 주소지 관할 법원에 소를 제기할 수도 있다(민소 8조).

---

6) 손주찬/정동윤(Ⅱ) 464쪽, 정찬형 896쪽.

7) 손주찬/정동윤 465쪽.

6. 청구취지와 청구원인

가. 청구취지 및 청구원인 일반론

청구취지는 "피고들은 연대하여 원고에게 돈 ○○○ 원 및 위 돈에 대하여 20XX. X. X.부터 이 사건 소장 부본 송달일까지는 연 5%의, 그 다음 날부터 다 갚는 날까지는 연 20%의 각 비율에 의한 돈을 지급하라."이다. 청구원인에는 당사자의 관계, 금전지급채권의 성립원인이 된 사실, 즉 이사가 법령 또는 정관에 위반한 행위를 하거나 그 임무를 해태한 사실, 손해의 발생사실, 인과관계, 손해의 범위 등을 기재하면 족하다.

법령 또는 정관에 위반한 행위, 이사의 임무를 해태한 행위가 이사회의 결의에 의하여 이뤄지면 그 결의에 찬성한 이사도 연대하여 손해배상책임을 부담한다(399조 2항). 찬성이사의 책임은 이사 개인별로 검토하여야 하고 다수가 찬성하였다고 하여 책임을 면하지는 아니한다.[8] 결의에 참가한 이사로서 이의를 한 기재가 의사록에 없는 자는 그 결의에 찬성한 것으로 추정한다(399조 3항). 찬성이사의 확정은 사실인정의 문제인데 소송상으로는 그 사실을 입증하기 어려울 수 있고 그렇게 되면 책임추궁이 적절하게 이뤄지지 않을 수 있다. 이런 입증곤란을 구제하기 위해서 추정 규정을 두었다. 따라서 이사가 책임을 면하기 위해서는 결의에 반대한 사실을 반증하여야 한다. 따라서 회사는 복수의 이사를 상대로 소송을 제기할 때는 각 이사가 결의에 참가한 이사로서 이의를 한 기재가 의

---

8) 대법원 2007. 5. 31. 선고 2005다56995 판결.

사록에 없다는 사실만을 주장하면 된다.

책임의 발생원인은 크게 법령 또는 정관에 위반한 행위와 임무해태로 나눌 수 있다. 정관위반은 정관의 내용에 따라 다양할 수 있으므로 상법위반의 내용을 열거하여 보면, 이사회의 승인 없이 경업을 하는 때(397조 1항), 자기거래를 하는 때(398조), 자기주식을 취득하는 때(341조), 주주의 출자의무로 상계를 허용하는 때(334조), 공동대표가 단독으로 대표권을 행사하는 때(389조 2항), 그리고 대표권을 남용하는 때를 상정할 수 있다.

법령 또는 정관 위반행위에 과실을 요구하는지 약간의 다툼이 있는데 명문의 근거 없이 무과실책임으로 구성하기는 어렵다. 판례는 계약책임으로 이해하기 때문에 계약법의 일반원칙으로 돌아가 과실을 요구할 수밖에 없다. 법령 또는 정관위반 사실 자체가 특별한 사정이 없는 한, 과실판단의 기준이 되기 때문에 큰 논의의 실익은 없다.

임무해태란 이사가 업무수행과 관련해서 선량한 관리자의 주의의무를 다하지 못해 회사에 손해를 발생시킨 것이다. 임무해태라고 규정하고 있으므로 과실책임의 성격을 확실하게 드러내고 있다.[9]

업무담당이사는 업무집행과정에서 임무해태의 책임을 부담할 수 있는 행위를 할 여지가 많지만 업무집행을 직접 담당하지 아니하는 평이사에 대해서는 별도의 논의가 필요하다. 특히, 업무담당이

---

[9] 대법원 1996. 12. 23. 선고 96다30465,30472 판결(단기금융업자인 증권회사가 주식회사가 대표이사를 상대로 주식회사에 대한 임무 해태를 내세워 채무불이행으로 인한 손해배상책임을 물음에 있어서는 대표이사의 직무수행상의 채무는 미회수금 손해 등의 결과가 전혀 발생하지 않도록 하여야 할 결과채무가 아니라, 회사의 이익을 위하여 선량한 관리자로서의 주의의무를 가지고 필요하고 적절한 조치를 다해야 할 채무이므로, 회사에게 대출금 중 미회수금 손해가 발생하였다는 결과만을 가지고 곧바로 채무불이행사실을 추정할 수는 없다).

사의 감시의무 인정 여부가 논란이 되었다. 감시의무란 이사들 상호 간에 서로의 업무집행을 감시할 의무를 말한다. 감시의무는 상법에 직접 규정되어 있지 아니한데 다만, 상법 393조 2항이 "이사회는 이사의 직무의 집행을 감독한다."라고 규정하고 같은 조 3항이 "이사는 대표이사로 하여금 다른 이사 또는 피용자의 업무에 관하여 이사회에 보고할 것을 요구할 수 있다."라고 규정하고 있어 감시의무의 해석상 인정근거가 되고 있다.

판례는 주식회사의 업무집행을 담당하지 아니한 평이사는 이사회의 일원으로서 이사회를 통하여 대표이사를 비롯한 업무담당이사의 업무집행을 감시하는 것이 통상적이긴 하나 평이사의 임무는 단지 이사회에 상정된 의안에 대하여 찬부의 의사표시를 하는 데에 그치지 않으며 대표이사를 비롯한 업무담당이사의 전반적인 업무집행을 감시할 수 있는 것이므로, 업무담당 이사의 업무집행이 위법하다고 의심할 만한 사유가 있음에도 불구하고 평이사가 감시의무를 위반하여 이를 방치한 때에는 이로 말미암아 회사가 입은 손해에 대하여 배상책임을 면할 수 없다고 본다.[10]

감시의무인정 기준에 대해서는 위 판례와 같이 '업무집행이 위법하다고 의심할 만한 사유가 있었음에도 이를 방치한 때'라는 기준과 '업무집행이 위법하게 된 사실을 알고 있었거나 충분히 판단할 수 있었던 때'라는 기준이 제시된다.[11]

---

10) 대법원 1985. 6. 25. 선고 84다카1954 판결.
11) 대법원 2002. 3. 15. 선고 2000다9086 판결.

나. 경영판단의 항변

소가 제기되면 피고 이사들은 업무집행의 적법성을 항변하여야
하는데 이와 관련하여 경영판단의 원칙이라는 항변을 하는 경우가
종종 있다. 경영판단원칙(Business Judgement Rule)이란, 이사가 경
영에 관하여 직접적으로 자신의 이익이나 자기거래와 관련되지 않
은 판단을 한 경우에는 그러한 판단은 주지의 사실에 근거하여 성
실하게, 그리고 회사에 가장 이익이 된다는 정직한 믿음에 기초하
여 이루어진 것으로 추정하는 원칙[12]을 말한다. 이 원칙은 이사들
의 경영판단에 대해 적법성을 추정하기 때문에 이사에 대한 책임
을 추궁하는 회사가 이러한 추정을 깨뜨리는 사실을 주장·입증하
여야 하는 부담을 갖게 되어 사실상 이사의 업무집행에 대해 넓은
면책을 인정하게 된다.

상법학계에서는 일찌감치 미국의 경영판단원칙이 소개되었고 이
것을 상법의 해석론으로 받아들일지에 관해서 많은 논의가 있었다.
원칙의 도입을 찬성하는 견해에 대해서 간단히 살펴보면, 최근 주
주들을 중심으로 부실경영에 대한 책임을 추궁하는 사례가 급증하
고 있는 점을 고려하면 이사의 선관주의의무의 내용을 구체화시킨
다는 전제 아래 이 원칙의 도입을 지지하는 견해가 있다.[13] 비슷한
취지의 주장으로 회사지배구조 및 기업 투명성과 관련하여 이사의
책임강화와 대표소송 제기가 용이하도록 소수 주주요건이 완화되
는 등의 조치가 이루어지고 있지만, 다른 한편, 이 때문에 유능한

---

12) Black's law dictionary(8th Edition), West a Thompson business, 2004 참조.
13) 최윤범, "경영판단의 원칙과 그 도입 가능성", 『법학연구』, 한국법학회, 2000, 205쪽~208쪽.

인재들이 이사의 취임을 기피하는 경향도 초래할 수 있다는 문제점을 고려하면 이 원칙의 도입을 고려할 필요한 의견이 있다.[14] 법적 안정성이나 경제적 수요 측면에서 상법 제399조와 관련하여 해당 원칙의 입법화하는 것이 판례이론으로만 도입하는 것보다는 유리하다는 주장도 있다.[15] 우리 상법의 규정상 경영판단의 원칙이 미국에서와 같이 이사들에 의하여 공격적으로 이용될 여지는 없고 우리 민사소송법상의 입증책임분배에 관한 원칙에 비추어 볼 때, 이 원칙이 갖는 추정적 효력이 우리나라의 이사들을 두텁게 보호하는 쪽으로 기능할 여지가 없는 반면, 적극적 경영에는 늘 많은 위험요소가 따른다는 점을 고려하여 이에 대한 합리적인 책임의 한계를 설정한다는 의미에서 판례상 도입을 강조하는 견해도 있다.[16] 이 원칙의 개념이 사법의 판단자체를 의미하는 만큼 판단을 자제할 행위를 법으로 강제하는 것은 어려움이 있고 법에서 의무기준을 제시한다고 하여도 일정한 주의의무의 형태를 띠는 것으로 정형화하기 어렵기 때문에 판례이론으로 도입하는 것이 타당하다는 비슷한 취지의 주장도 있다.[17] 고도의 판단과 위험이 수반되는 경영의사결정은 사법적 판단에 친숙하지 못하다는 일반적 전제 아래, 경영판단은 객관법질서가 아니므로 사법심사의 대상이 되지 아

---

14) 고재종, "경영판단의 원칙의 도입 여부에 관한 비교법적 고찰", 『비교법학연구』(제2집), 한국비교법학회, 2002, 20쪽~21쪽.

15) 송인방, "이사의 책임제한과 경영판단의 원칙", 『법학연구』(제31집), 한국법학회, 2008, 279쪽~280쪽.

16) 박명서, "경영판단의 원칙", 『기업법연구』(제17집), 한국기업법학회, 2004, 제48쪽 이하 참조.

17) 김택주, "경영판단의 원칙의 적용요건", 『기업법연구』(제20권 제1호), 한국기업법학회, 2006, 61쪽 이하, 주기종, "미국판례상 경영판단의 원칙의 수용논의", 『미국헌법연구』(제18권 제2호), 미국헌법학회, 2007, 161쪽~162쪽.

니한다는 주장도 있다.[18]

한편, 도입을 반대하는 견해도 적지 않은데 내용을 요약하여 보면, 우선 대륙법체계인 우리나라가 미국 판례법의 이론을 성급하게 명문화하는 것은 사법부의 소극성을 심화시키고 소수주주의 보호장치가 충분하지 않은 상황에서 위 원칙을 명문화하면 고사 직전에 있는 이사의 주의의무 규정을 완전히 사문화시킬 우려가 있다는 평가다. 또, 소송에 드는 제반비용이나 주주대표소송에 있어 원고의 입증책임 부담을 증가시켜 결국 이사의 경영상의 자유만 확대한다는 비판이 있다. 따라서 이사의 경영판단을 심사하는 문제는 경우에 따라 감정제도를 적절히 운영하여 해결하는 것이 합리적이라는 주장이다.[19] 또, 경영판단의 원칙은 상법 제399조, 제401조상의 과실 여부를 판단함에 있어 그 해석에 풍부한 도움을 주기는 하지만 미국판례의 법리는 소유와 경영이 미분화된 우리 기업 풍토에 비추어 볼 때 명문으로 이것을 도입하는 것은 무리라는 견해도 있다.[20] 우리나라의 경우 이사의 임무해태의 사실은 이사의 책임을 주장하는 자가 입증하여야 하므로 경영판단 원칙의 추정적 효과가 이사의 책임을 경감하여 특별히 이사를 두텁게 보호하지는 않는다고 주장하면서 따라서 경영판단의 원칙의 도입 여부가 중요한 문제가 아니라 이사의 임무해태를 판단하는 기준을 찾아내는 것이 중요한데 경영판단의 원칙은 여기에 참조가 되는 판례이론으로 보

---

18) 석종현, "경영판단에 대한 사법적 심사의 한계", 『토지공법연구』(제15집), 한국토지공법학회, 2002, 490쪽~492쪽.

19) 권재열, "경영판단의 원칙의 도입에 관련된 문제점", 『연세법학연구』, 연세법학회, 1995, 236쪽~244쪽 참조.

20) 최병규, "미국법상 경영판단의 원칙과 우리나라에서 도입입가능성", 『안암법학』, 안암법학회, 2001, 299쪽 이하 참조.

면 족하다는 견해도 있다.[21]

　판례도 경영판단이라는 용어를 사용하는데,[22] 이에 대해서는 미국 회사법의 경영판단이론을 그대로 도입한 것은 아니고 이사가 업무집행에 임해 회사의 업무에 관해 내리는 독립적이고 합리적인 의사결정을 두루 말하는 것으로 이해하는 견해가 있다.[23] 경영판단의 항변을 하더라도 업무집행행위가 법령에 위반한 행위일 때는 적용될 수 없다.[24] 법령위반 행위라면 애초 제399조 제1항이 규정한 손해배상책임의 발생 원인이 된다.

다. 손해의 범위와 면책

　상당인과관계가 인정되지 아니하면 당연히 손해배상책임이 발생하지 아니한다.[25] 따라서 부실대출이 실행된 후 여러 차례 변제 기한이 연장된 끝에 최종적으로 당해 대출금을 회수하지 못하는 손해가 발생한 경우, 그에 대한 손해배상책임은 원칙적으로 최초에 부실대출 실행을 결의하거나 이를 추인한 이사들만이 부담하고, 단순히 변제 기한의 연장에만 찬성한 이사들은 그 기한 연장 당시에

---

21) 강대섭, "이사의 책임과 경영판단의 원칙", 『상사판례연구』, 한국상사판례학회, 2001, 113쪽~114쪽.

22) 대법원 2002. 6. 14. 선고 2001다52407 판결, 대법원 2006. 7. 6. 선고 2004다8272 판결, 대법원 2007. 7. 26. 선고 2006다33609 판결.

23) 이철송 610쪽.

24) 대법원 2005. 10. 28. 선고 2003다69638 판결.

25) 대법원 2007. 7. 26. 선고 2006다33609 판결(이사의 법령·정관 위반행위 혹은 임무위반행위로 인한 상법 제399조 소정의 손해배상책임과 감사의 임무위반행위로 인한 상법 제414조 소정의 손해배상책임은 그 위반행위와 상당인과관계 있는 손해에 한하여 인정될 뿐이므로, 비록 이사나 감사가 그 직무수행과정에서 법령·정관 위반행위 혹은 임무위반행위를 하였다고 하더라도, 그 결과로서 발생한 손해와의 사이에 상당인과관계가 인정되지 아니하는 경우에는 이사나 감사의 손해배상책임이 성립하지 아니한다).

는 채무자로부터 대출금을 모두 회수할 수 있었으나 기한을 연장함으로써 채무자의 자금사정이 악화되어 대출금을 회수할 수 없게 된 경우가 아닌 한 손해배상책임을 부담하지 않는다.[26]

이사 개인책임의 범위는 법령, 정관위반 또는 임무해태와 상당인과관계가 있는 손해로 한정된다.[27]

이사의 손해배상책임은 총주주의 동의로 면제할 수 있다(400조). 따라서 A회사의 발행주식 중 44.275%를 보유하던 B회사와 A회사의 발행주식 중 51.975%를 양수받아 소유하게 된 C회사가 이사들이 A회사에 대하여는 손해배상책임을 면제하기로 약정하였거나 A회사의 대표이사가 민·형사상 소추를 제기하지 않는다는 취지의 확인서를 교부하였더라도 이사의 회사에 대한 손해배상책임은 면제되지 아니한다.[28] 1인 회사는 1인 주주의 묵시적 동의로 이사의 책임을 면제할 수 있기 때문에 A회사의 총주식을 양수한 사실상의 1인 주주가 주식양도시점까지의 이사가 동일인 한도를 초과한 대출 등으로 인하여 A회사에 대하여 입힌 손해를 재산실사를 통하여 확정한 다음 주식양도대금을 정함에 있어서 당초 약정된 주식양도가액에서 부실채권가액만큼을 다시 차감하는 방법으로 이사에게 그 책임에 관한 경제적 부담을 귀속시키는 것은 총주주의 동의라

---

26) 대법원 2007. 5. 31. 선고 2005다56995 판결.

27) 대법원 2007. 7. 26. 선고 2006다33609 판결(이사가 법령 또는 정관에 위반한 행위를 하거나 그 임무를 게을리함으로써 회사에 대하여 손해를 배상할 책임이 있는 경우에 그 손해배상의 범위를 정함에 있어서는, 당해 사업의 내용과 성격, 당해 이사의 임무위반의 경위 및 임무위반행위의 태양, 회사의 손해 발생 및 확대에 관여된 객관적인 사정이나 그 정도, 평소 이사의 회사에 대한 공헌도, 임무위반행위로 인한 당해 이사의 이득 유무, 회사의 조직체계의 흠결 유무나 위험관리체제의 구축 여부 등 제반 사정을 참작하여 손해분담의 공평이라는 손해배상제도의 이념에 비추어 그 손해배상액을 제한할 수 있다).

28) 대법원 2004. 12. 10. 선고 2002다60467, 60474 판결.

고 볼 수 있다.[29)

손해배상소송 계속 중 총주주의 동의가 있게 되면 통상 소취하로 사건이 종결될 것이지만 소취하를 하지 아니하면 책임면제를 주장하여 원고의 청구를 기각시킬 수도 있다.

7. 소송절차와 판결의 효력과 이후의 처리

일반적인 이행의 소에 준하여 처리하기 때문에 소 제기 사실을 공고할 의무가 없으며 원고승소판결에 대세효가 없으며 판결은 장래효만 갖는다. 아울러 소송에 패소한 원고도 손해배상책임을 부담하지 아니한다. 법원은 재량기각을 할 수 없다.

---

29) 대법원 2002. 6. 14. 선고 2002다11441 판결.

Ⅲ. 제3자의 이사에 대한 손해배상청구의 소

제401조(제3자에 대한 책임) ① 이사가 악의 또는 중대한 과실로 인하여 그 임무를 해태한 때에는 그 이사는 제3자에 대하여 연대하여 손해를 배상할 책임이 있다.
② 제399조 제2항, 제3항의 규정은 전항의 경우에 준용한다.

1. 소의 의의

이사가 악의 또는 중대한 과실로 인하여 그 임무를 해태한 때에는 그 이사는 제3자에 대하여 손해를 배상할 책임이 있다. 이사는 원래 회사에 대하여 선관주의의무를 부담할 뿐, 제3자에 대해서는 책임을 부담하지 않는다고 해석되는데 경제사회에 있어서의 중요한 지위에 있는 주식회사의 활동이 그 기관인 이사의 직무집행에 의존하는 것을 고려하여 제3자를 보호하고자 이사의 악의 또는 중대한 과실로 인하여 위 의무에 위반하여 제3자에게 손해를 입힌 때에는 이사의 악의 또는 중과실로 인한 임무 해태행위와 상당인과관계가 있는 제3자의 손해에 대하여 그 이사가 손해배상의 책임을 진다는 것이 위 법조의 취지라고 한다.[1]

책임의 성질에 관해서는 불법행위책임과 무관한 법정책임이라는 주장과 요건상 경과실을 제외하고 위법성을 묻지 아니하는 특수불법행위책임이라는 주장이 있다. 두 주장의 차이는 이사의 행위가 제3자에 대하여 민법 750조의 불법행위와 제401조의 불법행위를

---

1) 대법원 1985. 11. 12. 선고 84다카2490 판결.

모두 구성할 때, 청구권의 경합을 인정할 수 있느냐로 모아진다. 법정책임설은 경합을 긍정한다.

한편, 이사의 제3자에 대한 책임은 법인격부인의 대체적·보완적 기능을 수행하고 있다는 평가를 할 수 있다. 즉 상법 제401조는 폐쇄회사의 채권자가 회사로부터 회권을 회수하지 못하는 때에 이사의 책임을 추궁하는 수단으로 이용할 수 있다는 점에서 법인격부인의 대체적 기능을 수행하며, 주주가 아닌 명목적 이사나 표현이사에게 감시의무해태로 인한 책임을 지움으로써 법인격부인의 보완적 기능을 수행한다.[2]

2. 소의 성질

이사에 대한 손해배상청구의 소는 민사소송법이 예정하는 일반적인 이행의 소이다. 따라서 소송의 전반에 관하여 민사소송법의 원리가 그대로 관철된다.

3. 제소 기간

제소 기간의 특별한 제한은 없다. 상법 제401조에 기한 이사의 제3자에 대한 손해배상책임이 제3자를 보호하기 위하여 상법이 인정하는 특수한 책임이라는 점을 감안할 때 일반 불법행위책임의

---

2) 정동윤 456쪽.

단기소멸시효를 규정한 민법 제766조 제1항은 적용되지 아니하고 일반 채권으로서 민법 제162조 제1항이 적용되어 소멸시효 기간은 10년이다.

4. 소의 당사자

원고는 회사채권자나 기타 이해관계뿐만 아니라 주주나 주식인 수인도 포함한다고 해석한다. 다만, 판례에 따르면 직접손해를 입은 자로 한정되기 때문에 대표이사가 회사재산을 횡령하여 회사재산이 감소함으로써 회사가 손해를 입고 결과적으로 주주의 경제적 이익이 침해되는 손해와 같은 간접적인 손해는 상법 제401조 제1항에서 말하는 손해의 개념에 포함되지 아니하므로 이에 대하여는 위 법조항에 의한 손해배상을 청구할 수 없다.[3] 그러나 간접손해와 직접손해의 경계는 실제 사안에서 매우 애매할 수밖에 없어 판례의 이론은 적용하기에 따라선 제3자의 이사에 대한 손해배상책임을 사실상 부정하는 결과를 가져올 수 있다.

피고는 악의 또는 중대한 과실로 인하여 그 임무를 해태하여 제3자에게 손해를 가한 이사들이다. 복수의 이사가 손해를 가한 때에는 제3자에 대하여 연대책임을 부담한다(401조 2항, 399조 2항). 이사들이 연대책임을 부담한다고는 하지만 합일확정의 필요가 있는 필수적 공동소송은 아니다. 소송의 형태, 이에 따른 각 이사들의 소송행위의 효과에 관해서는 제399조 이사의 책임의 해당 부분

---

3) 대법원 1993. 1. 26. 선고 91다36093 판결.

과 동일하다.

또한 제401조의 책임주체에는 앞서 설명한 업무집행지시자 등도 포함된다(401조의 2 1항). 따라서 제399조에서 설명한 이들에 대한 손해배상책임은 제401조의 손해배상책임에도 그대로 적용된다.

5. 소의 관할

원칙적으로 소는 피고의 보통재판적이 있는 곳의 법원이 관할하고(민소 2조) 사람의 보통재판적은 그의 주소에 따라 정하기 때문에(민소 3조 본문), 이사를 상대로 한 손해배상의 소는 이사의 주소지 관할 법원에 제기할 수 있다. 그러나 법정채무불이행을 이유로 손해배상소송을 제기하면 손해배상의 의무이행지는 지참채무의 원칙에 따라 제3자인 원고의 주소지가 되므로 제3자는 자신의 주소 관할 법원에 소를 제기할 수도 있다.

6. 청구취지와 청구원인

청구취지는 "피고들은 연대하여 원고에게 돈 ○○○ 원 및 위 돈에 대하여 20XX. X. X.부터 이 사건 소장 부본 송달일까지는 연 5%의, 그 다음 날부터 다 갚는 날까지는 연 20%의 각 비율에 의한 돈을 지급하라."이다.

청구원인에는 피고가 이사로서 회사에 대해 임무를 해태한 사실,

피고가 임무해태에 고의 또는 중과실이 있다는 사실, 원고의 손해 발생 사실 및 그 금액, 이사의 임무해태와 원고의 손해 사이에 인과관계가 있다는 사실을 기재하면 된다.

임무해태행위에는 제3자에게 손해를 끼치는 형태에 따라 이사의 행위에 의해 1차적으로 회사에 손해가 발생하고 그 결과로 제3자에게도 손해가 발생하는 간접침해와 직접적으로 제3자에게 손해를 가하는 직접침해로 나눌 수 있다.

직접침해행위의 유형으로는 회사의 손해유무를 묻지 않고 제3자에게 손해가 발생한 경우를 포함한다.[4] 예를 들어, 회사의 경영상태에 비추어 특정 거래행위로 인하여 부담하게 되는 채무의 변제가 어려울 수 있다는 사실을 예견할 수 있었는데도 그 거래를 강행하면서 대금의 지급을 위해 발행한 어음을 결제하지 못하여 회사 채권자에게 손해를 입힌 때이다. 또, 회사의 자산, 능력을 신중하게 고려하지 않은 채, 사업의 타당성도 충분히 조사하지 않고 다액의 투자를 했다가 회사의 파탄을 초래하면서 여신을 제공한 자에게 여신상당액의 손해를 입힌 때도 임무해태행위에 해당한다. 그러나 A회사가 폐광이 위치한 부동산을 B회사에 매도하면서 폐광과 관련한 모든 책임은 B회사가 부담하기로 하는 약정을 하였는데, 폐광에 대한 광업권을 B에게 이전하지 않은 상태에서 광해가 발생한 후 행정관청이 A회사에게 피해보상을 한 후 구상권을 행사하겠다는 통보를 하자 A회사가 먼저 피해보상 등을 실시한 사안에서, 피고가 B회사의 대표이사로 취임한 후 위 특약의 내용을 잘 알고 있었고 A회사로부터 광업권 이전의 독촉을 받고 이에 응하지 아니하였

---

4) 商事硏究会, 330頁.

더라도, 이것은 매매계약에 따른 B회사의 채권자수령지체나 특약상의 채무의 이행지체로 되는 것이지 피고의 악의 또는 중대한 과실로 인한 임무해태로 되는 것은 아니라고 하여 A회사의 청구를 기각한 사례가 있다.[5]

악의 또는 중과실이 회사의 임무에 관한 것인지 아니면 제3자의 손해에 관한 것인지에 대해서 제410조의 책임의 성격을 어떻게 보느냐에 따라 의견대립이 있을 수 있는데, 통설인 법정책임설은 회사에 대한 임무해태 때문에 제3자에 대한 손해배상책임을 져야 하는 특이한 현상을 설명하기 위해 상법이 특별히 규정한 것이라고 해석한다. 따라서 손해배상을 인정하기 위한 이사의 주관적 요건 검토는 제399조나 제401조나 모두 회사의 업무수행과정에 요구되는 주의의무를 기준으로 한다. 판례도 대표이사가 타인에게 회사업무 일체를 맡긴 채 자신의 업무집행에 아무런 관심도 두지 아니하여 급기야 타인이 회사의 수출업무를 처리하면서 이미 할인받은 수출환어음이 부도 처리될 상황임을 숨기고 한국수출보험공사로부터 수출신용보증서를 발급받아 위 어음이 부도가 나서 공사에게 손해를 입었다면 대표이사의 악의 또는 중과실을 인정할 수 있다고 판단했다.[6]

---

5) 대법원 1985. 11. 12. 선고 84다카2490 판결.
6) 대법원 2003. 4. 11. 선고 2002다70044 판결.

7. 소송절차와 판결의 효력과 이후의 처리

일반적인 이행의 소에 준하여 처리하기 때문에 소 제기 사실을 공고할 의무가 없으며 원고승소판결에 대세효가 없으며 판결은 장래효만 갖는다. 아울러 소송에 패소한 원고도 손해배상책임을 부담하지 아니한다. 법원은 재량기각을 할 수 없다.

Ⅳ. 대표소송(손해배상의 소)

1. 소의 의의

대표소송이란 회사가 이사에 대한 책임추궁을 게을리할 때 주주가 직접 회사를 위하여 이사의 책임을 추궁하는 소송이다. 상법에는 이사의 책임을 추궁하는 소송(403조) 이외에도 발기인(324조), 업무집행지시자 등(401조의2 1항), 감사(415조, 415조의 2), 청산인(542조 2항)의 책임을 추궁하는 대표소송과 위법 혹은 불공정한 이익의 환수를 위한 대표소송(424조의 2, 467조의 2)도 있다. 한편, 자본시장과 금융투자업에 관한 법률 제172조 2항은 상장법인 내부자의 단기매매차익으로 인한 이익을 추궁하기 위한 대표소송을 규정하고 있다.[1] 아래에서는 피고가 이사인 경우를 중심으로 설명한다.

---

[1] 자본시장통합법 제172조 제1항은 주권상장법인의 임원, 직원 또는 주요 주주 특정증권 등을 매수한 후 6개월 이내에 매도하거나 특정증권 등을 매도한 후 6개월 이내에 매수하여 이익을 얻은 경우에는 그 법인은 그 임직원 또는 주요 주주에게 그 이익을 그 법인에게 반환할 것을 청구할 수 있다. 한편, 제2항은 해당 법인의 주주는 그 법인으로 하여금 제1항에 따른 단기매매차익을 얻은 자에게 단기매매차익의 반환청구를 하도록 요구할 수 있으며, 그 법인이 그 요구를 받은 날부터 2개월 이내에 그 청구를 하지 아니하는 경우에는 그 주주는 그 법인을 대위하여 그 청구를 할 수 있다고 규정하고 있다.

이사의 임무해태가 있으면 원칙적으로는 회사가 해당 이사의 책임을 추궁하여야 하나 회사경영의 실제는 이사회가 회사를 지배하고 있어 회사가 이사의 책임을 주도적으로 추궁한다는 것은 기대하기 힘들다. 따라서 상법은 미국 회사법의 제도를 본받아 주주가 직접 이사의 책임을 추궁하는 대표소송제도를 입법했다. 최초입법은 1962년에 이뤄졌으나 현재의 요건은 1998년 상법개정 때 완비되었다.

원래 주주는 회사에 대하여 추상적인 이해관계가 있다고 해석하여 왔고 따라서 회사의 대외적 거래에 직접 또는 회사를 대위하여 해당 거래의 효력을 좌우하는 소송을 제기할 지위에 있지 아니하다고 여겨져 왔다. 판례도 같은 태도를 취한다.[2] 따라서 상법은 특정 거래행위로 인해 회사가 손해를 입었을 때 거래행위를 주도한 이사의 책임을 사후적으로 추궁하는 형태의 입법을 통해 이사의 위법행위를 억제하려 하고 있다.

2. 소의 성질

소는 이행의 소이다. 회사에 손해를 끼친 이사는 원고 주주가 아

---

2) 대법원 2001. 2. 28. 자 2000마7839 결정(주식회사의 주주는 주식의 소유자로서 회사의 경영에 이해관계를 가지고 있다고 할 것이나, 회사의 재산관계에 대하여는 단순히 사실상, 경제상 또는 일반적, 추상적인 이해관계만을 가질 뿐, 구체적 또는 법률상의 이해관계를 가진다고는 할 수 없고, 직접 회사의 경영에 참여하지 못하고 주주총회의 결의를 통해서 또는 주주의 감독권에 의하여 회사의 영업에 영향을 미칠 수 있을 뿐이므로 주주는 일정한 요건에 따라 이사를 상대로 그 이사의 행위에 대하여 유지청구권을 행사하여 그 행위를 유지시키거나 또는 대표소송에 의하여 그 책임을 추궁하는 소를 제기할 수 있을 뿐 직접 제3자와의 거래관계에 개입하여 회사가 체결한 계약의 무효를 주장할 수는 없다).

니라 소송상 제3자인 회사에 대하여 손해를 배상하는 이행판결을 하게 된다. 보통 이행판결의 경제적 효과가 소의 당사자에게 귀속되는 점과는 달리 대표소송은 그 효과가 제3자인 회사와 피고에게 귀속된다.

3. 제소 기간

제소 기간의 제한은 없으나 대표소송을 제기하기 위해서는 주주는 먼저 회사에 대하여 이사의 책임을 추궁하는 소의 제기를 서면으로 청구하여 만일 회사가 청구를 받은 날로부터 30일 이내에 소를 제기하지 아니한 때에 대표소송을 제기할 수 있다(403조 1항부터 3항). 다만, 위 30일의 경과로 인하여 회사에 회복할 수 없는 손해가 생길 염려가 있는 경우에는 주주는 즉시 대표소송을 제기할 수 있다.

회사에 소 제기를 청구한 후 30일이 경과하지 아니한 상태에서 소를 제기한 경우에는 각하사유가 될 수 있으나 소 제기 후 제소요건을 심사하는 단계에서 이미 30일이 경과하였다면 하자가 치유된다.[3] 소 제기 후 회사가 소송에 참가한 경우에도 기간 요건을 충족하지 않더라도 소를 각하할 수 없다.

한편, 손해배상을 구하는 대표소송은 손해배상책임의 성격을 갖기 때문에 소멸시효의 제한이 있다. 예를 들어 제399조 손해배상책임을 추궁하는 대표소송은 위 채권의 10년 소멸시효가 적용되므

---

3) 손주찬/정동윤(Ⅱ) 475쪽.

로 소 제기에 고려할 필요가 있다.

4. 소의 당사자

원고적격은 발행주식 총수의 100분의 1 이상에 해당하는 주식을
가진 주주이다. 소수주주권으로 규정한 것은 남소를 방지하기 위해
서다. 상장법인이면 발행주식 총수의 1만 분의 1 이상을 가진 주주
도 원고적격이 있다. 다만, 주주는 해당 주식을 제소 전 6개월간
보유하여야 한다(542조의 6 6항). 보유란 소유뿐만 아니라 주주권
행사에 관한 위임을 받은 자, 2명 이상 주주의 주주권을 공동으로
행사하는 자도 포함한다(542조의 6 8항). 제소 당시에 소수주주의
요건을 구비한 이상 제소 후에는 지주 수가 100분의 1 이하로 감
소하여도 무방하다(403조 5항). 소 제기 당시 요건을 규정한 것이
므로 이사의 위법행위 당시 주식을 소유하고 있을 것을 요건으로
하지 않는다. 대표소송 제기권은 공익권이므로 원고인 주주가 주식
을 양도하더라도 양수인은 소송참가 혹은 소송인수를 할 수 없다
고 해석한다. 다만, 그 이전에 회사가 소송참가를 하면 회사와 이
사 간 소송은 유지된다.[4]

자회사의 임무해태로 인해 자회사에 손해가 생겼을 때, 모회사의
주주가 자회사의 이사를 상대로 대표소송을 제기할 수 있는지, 즉
이중대표소송이 가능한지 다투어진 때가 있었다. 서울고등법원은
지배회사 이사회에 대한 제소청구 또는 지배회사 이사를 상대로

---

4) 대법원 2002. 3. 1 5. 선고 2000다9086 판결.

한 대표소송만으로는 종속회사 이사의 부정행위로 인한 지배회사의 간접적인 손해액을 평가하기 어렵고, 종속회사의 주식을 여러 회사가 나누어 소유하고 있는 경우 각 지배회사마다 대표소송이 제기되는 결과를 초래할 수 있으며, 이중대표소송을 허용하지 않으면 지배회사 및 종속회사에 대한 경영권을 모두 지배하고 있는 경영진이 종속회사를 통하여 부정행위를 함으로써 책임을 회피하는 수단으로 이용할 위험이 존재하는 등의 부작용이 발생하는 난점을 극복하기 어렵고, 반면 종속회사의 경영진이나 주주들이 여러 가지 이유로 이사들의 종속회사에 대한 부정행위를 시정하지 못하는 경우가 있을 수 있는바, 이러한 경우 이중대표소송을 인정함으로써 종속회사 이사들의 부정행위를 억제할 수 있는 효과를 기대할 수 있고, 종속회사의 손해는 종국적으로 지배회사 주주의 손해로 귀속되므로 이중대표소송을 통하여 종속회사의 손해를 회복함으로써 간접적으로 지배회사 및 지배회사 주주의 손해를 경감하는 효과를 기대할 수도 있다는 이유로, 대표소송을 제기할 수 있는 주주의 개념에 '회사인 주주의 주주'를 포함함으로써 이중대표소송을 인정할 수 있다고 판결한 바 있다.[5] 그러나 상고심은 어느 한 회사가 다른 회사의 주식의 전부 또는 대부분을 소유하여 양자 간에 지배종속 관계에 있고, 종속회사가 그 이사 등의 부정행위에 의하여 손해를 입었다고 하더라도, 지배회사와 종속회사는 상법상 별개의 법인격을 가진 회사이고, 대표소송의 제소자격은 책임추궁을 받는 이사가 속한 당해 회사의 주주로 한정되어 있으므로, 종속회사의 주주가 아닌 지배회사의 주주는 상법 제403조, 제415조에 의하여 종속회

---

5) 서울고등법원 2003. 8. 22. 선고 2002나13746 판결.

사의 이사 등에 대하여 책임을 추궁하는 이른바 이중대표소송을 제기할 수 없다고 판단했다.[6]

피고적격은 회사에 대해 책임이 있는 이사 또는 이사였던 자이다. 소 제기 당시에 임원의 지위에 있지 아니하여도 피고가 되는데 퇴임한 이사에 대한 책임을 추궁할 수 없다면 이사는 회사에 손해를 발생시키고도 퇴임을 통해 쉽게 면책을 받을 수 있게 되는데 이렇게 되면 대표소송의 취지가 크게 몰각된다. 소 계속 중 이사가 사망하면 상속인에게 소송수계가 되는지 문제되는데 소송의 본질이 손해배상의 성격을 갖는 것이기 때문에 소송수계가 된다고 해석하여야 한다.[7] 다만, 상속인은 상속포기 혹은 한정승인을 통해 책임을 면제 혹은 감경받을 수 있다. 따라서 소 제기 전에 이사가 사망하면 그 상속인을 공동피고로 하여 소 제기를 할 수 있다.

5. 소의 관할

대표소송은 회사의 본점 소재지 지방법원의 전속관할이다(403조 7항, 186조). 전속관할을 정한 것은 주주가 대표소송을 제기한 경우 회사의 소송참가를 용이하게 하려는 것이라고 해석하는 견해가 있다.[8] 이 견해는 회사가 직접 이사를 상대로 책임을 추궁하는 소송도 전속관할이라고 설명하는데 명문의 규정 없이 관할을 강제할 수 있을지는 의문이다.

---

6) 대법원 2004. 9. 23. 선고 2003다49221 판결.

7) 商事硏究会 Ⅰ 296頁.

8) 손주찬/정동윤(Ⅱ) 477쪽.

6. 청구취지와 청구원인

청구취지는 "피고는 A주식회사에 대하여 돈 ○○○ 원 및 위 돈에 대하여 20XX. X. X.부터 이 사건 소장 부본 송달일까지는 연 5%의, 그 다음 날부터 다 갚는 날까지는 연 20%의 각 비율에 의한 돈을 지급하라."이다.

청구원인에는 원고적격을 기초 짓는 사실, 원고가 회사에 대하여 서면으로 소 제기를 청구한 사실 및 청구 후 30일이 경과한 사실, 이사 등의 책임을 인정할 수 있는 원인사실 및 그로 인하여 손해가 발생한 사실, 손해의 범위를 기재하면 된다.

이사의 책임은 대부분 제399조에 근거하여 이뤄질 가능성이 높다. 제399조는 이사의 회사에 대한 책임을 인정하는 전형적인 명문규정이기 때문이다. 따라서 법령 또는 정관에 위반한 행위, 이사의 임무를 해태한 행위로 인해 발생하는 손해의 전보가 소송의 주된 내용이 되고 이사 또한 경영판단의 원칙을 방어법리로 사용할 수 있다.

피고 이사가 회사에 대하여 소유권이전등기의무를 부담하고 있는데 회사가 등기절차의 이행을 위한 노력을 하지 않을 때에도 주주는 대표소송을 통해 등기절차의 이행을 구하는 소송을 제기할 수 있다는 해석도 있으나,[9] 우리 법의 입법취지와는 맞지 않는다. 이사가 되기 전에 회사의 근로자로서 근로계약에 근거하여 부담하는 채무불이행책임을 이사가 된 후 본소를 통해 추궁할 수 있는지

---

9) 大阪高等裁判所 昭和 54. 10. 30. 判決.

에 대해서도 마찬가지로 부정해야 할 것이다.[10]

여러 주주가 제기한 대표소송은 판결의 반사효가 제3자에게 미치기 때문에 유사필수적 공동소송이 된다고 해석한다.[11] 따라서 대표소송 제기 중 주주가 소송에 참가하면 유사필수적 공동소송이 된다.

7. 소송절차상 특징

가. 담보제공

주주가 대표소송을 제기하면 이사는 그 대표소송의 제기에 대한 원고의 악의를 소명하고 담보제공의 명령을 청구할 수 있고 이때 법원은 원고에게 상당한 담보를 제공할 것을 명할 수 있다(403조 7항, 176조 3항, 4항). 담보제공 제도는 소 제기가 이사에 대하여 불법행위를 구성할 때 이사의 주주에 대한 손해배상청구권을 담보하고 대표소송의 남용을 방지하는 기능을 수행한다.

담보제공명령을 이사를 보호하기 위한 것으로 해석한다면 원고의 악의란 회사에 대해 손해를 가한다는 인식이라기보다는 이사 개인에게 손해를 준다는 인식으로 해석할 수 있다. 즉 이사의 행위가 회사에 대하여 손해배상책임을 부담하지 않는다는 사실을 알면서도 이사를 상대로 대표소송을 제기하는 경우라고 인정되면 악의

---

10) 商事研究会 Ⅰ 298頁.

11) 이시윤(소) 654쪽, 정동윤/유병현 905쪽. 그러나 기판력을 받는 당사자가 아니라 반사효를 받는 자는 보조참가만을 할 수 있다는 견해도 있다.

를 인정할 수 있다. 따라서 법률적 평가를 잘못한 과실이 있는 것으로 평가할 수 있을 때는 원고의 청구를 기각하는 것에 그치고 담보제공명령까지 할 것은 아니다. 이렇게 악의의 평가는 청구원인을 이루는 내용, 특히 이사의 행위가 제399조 위반인가와 밀접한 관계를 갖고 있기 때문에 이사의 청구가 있다고 하여 일단 이에 응하여 명령을 할 것은 아니고 소송의 경과를 보아가며 신중한 판단을 할 필요가 있다.

나. 주주의 소송고지와 회사의 소송참가

대표소송을 제기한 주주는 지체 없이 회사에 대하여 소송의 고지를 하여야 하고 회사는 대표소송에 참가할 수 있다(404조).

소송고지는 무엇보다 대표소송의 제기 사실을 회사에 알려 회사의 소송참가를 유도하기 위한 것이다. 한편, 고지를 받은 회사에게 그 소송의 판결의 참가적 효력을 미치게 할 수 있는 이점도 있다. 소송고지를 받은 회사가 소송에 참가하느냐 여부는 회사의 자유다. 참가를 하지 아니하면 소송의 당사자 혹은 참가인이 아니므로 회사에게 변론기일을 통지하거나 판결문에 회사의 상호를 표시할 필요가 없고 판결서 또한 송달하지 않는다. 소송고지를 하고 나서 주주가 대표소송에서 패소하면 소송에 참가하지 않은 회사에게도 참가적 효력이 미친다(민소 77조). 참가적 효력 때문에 회사는 뒤에 대표소송의 결론의 기초가 된 사실상·법률상의 판단과 상반되는 주장을 할 수 없다.[12] 실체법상으로는 소송고지는 민법상의 최고

---

12) 이시윤(소) 699쪽, 정동윤/유병현 949쪽.

(민 174조)로서 시효중단의 효력이 있다.[13]

회사가 소송에 참가하면, 그 참가의 성격이 어떤 것인지 논의가 있다. 참가의 성격에 따라 회사가 할 수 있는 소송행위의 범위와 회사가 받은 판결의 효력이 달라지기 때문이다. 회사의 소송참가를 인정하는 주된 실익은 원래 소송을 제기하여야 할 주체에게 절차적 권리를 보장하여 이사의 책임추궁을 확실하게 하고자 함이다. 회사의 소송참가에 대해서는 공동소송적 보조참가라는 견해[14]와 공동소송참가라는 견해[15]가 있었는데 대법원은 후설을 취한다.[16]

공동소송적 보조참가란 단순한 법률상의 이해관계가 아니라 재판의 효력이 미치는 제3자가 보조참가를 하는 것이다(민소 78조). 당사자 적격이 없는 자로서 판결의 효력을 받는 제3자에 의한 참가라는 점에서 스스로 청구에 관하여 독립하여 당사자 적격을 가진 자에 의한 참가인 공동소송참가(민소 83조)와 다르다. 공동소송참가라고 할 때, 참가 후의 소송형태가 유사필수적 공동소송참가인

---

13) 대법원 1970. 9. 17. 선고 70다593 판결.

14) 주주가 대표소송을 먼저 제기하였을 때 회사가 별도로 이사에 대해 손해배상청구소송을 제기하는 것은 중복제소라고 해석하는데 그렇다면 소 제기와 실질이 동일한 소송참가를 인정하는 것 역시 중복제소의 법리상 허용될 수 없고 따라서 회사의 참가는 보조참가가 될 수밖에 없다는 견해이다[이시윤(소) 694쪽~695쪽].

15) 회사는 원래 이사에 대한 책임추궁소송의 원고였고 재심도 청구할 수 있는 점을 들어 공동소송참가라고 해석한다(이철송 657쪽).

16) 대법원 2002. 3. 15. 선고 2000다9086 판결(주주의 대표소송에 있어서 원고 주주가 원고로서 제대로 소송수행을 하지 못하거나 혹은 상대방이 된 이사와 결탁함으로써 회사의 권리보호에 미흡하여 회사의 이익이 침해될 염려가 있는 경우 그 판결의 효력을 받는 권리귀속주체인 회사가 이를 막거나 자신의 권리를 보호하기 위하여 소송수행권한을 가진 정당한 당사자로서 그 소송에 참가할 필요가 있으며, 회사가 대표소송에 당사자로서 참가하는 경우 소송경제가 도모될 뿐만 아니라 판결의 모순·저촉을 유발할 가능성도 없다는 사정과, 상법 제404조 제1항에서 특별히 참가에 관한 규정을 두어 주주의 대표소송의 특성을 살려 회사의 권익을 보호하려한 입법 취지를 함께 고려할 때, 상법 제404조 제1항에서 규정하고 있는 회사의 참가는 공동소송참가를 의미하는 것으로 해석함이 타당하고, 나아가 이러한 해석이 중복제소를 금지하고 있는 민사소송법 제234조에 반하는 것도 아니다).

지 아니면 고유필수적 공동소송참가인지 검토해 볼 필요가 있다. 고유필수적 공동소송은 공동소송이 법률상 강제되고 또 합일확정의 필요가 있는 것이고 유사필수적 공동소송은 공동소송이 강제되지 않지만 합일확정의 필요성이 있는 것이다. 회사의 소송참가는 법률상 강제되지는 않지만 합일확정의 필요성은 있으므로 유사필수적 공동소송으로 볼 수 있다.

필수적 공동소송이 되면 주주 혹은 회사의 소송행위는 전원의 이익을 위해서만 효력이 있으며(민소 67조 1항) 그 한 사람에 대한 소송행위는 전원에 대하여 효력이 있다(민소 67조 2항). 변론준비, 변론, 증거조사, 판결은 같은 기일에 함께 하여야 하므로 변론의 분리, 일부판결을 할 수 없다. 회사 또는 주주 중 한 사람에 대하여 중단·중지의 원인이 발생하면 다른 공동소송인 전원에 대하여 중단·중지의 효과가 생겨 전 소송절차의 진행이 정지된다. 상고기간은 각 공동소송인에게 판결 정본이 송달될 때까지 개별적으로 진행되고 회사와 주주 전원에 대하여 상고 기간이 만료될 때까지 판결은 확정되지 아니한다. 일본에서 해석론 혹은 입법론으로 회사가 피고 측에 참가할 수 있는지 논의가 된 바 있다. 이사가 충실의무를 위반하여 분식회계를 지시하고 이로 인하여 과다한 법인세 납부, 부당한 감사에 대한 보수지급 및 이익배당을 하였다는 이유로 주주가 대표소송을 제기한 사안에서 일본 최고 재판소는 원고가 승소할 경우, 이후 회사의 회계처리에 영향을 미치고 현재의 거래관계에도 영향을 미친다고 추인되므로 회사가 피고 측에 보조참가할 수 있다고 판단했다.[17] 이후 보조참가의 이익 유무에 대하

---

17) 最高裁判所 平成 13. 1. 30. 판결.

여 다툼이 있다가 일본 신회사법 제849조 제1항 본문[18]에 보조참가의 이익유무에 관계없이 회사 또는 주식회사는 공동소송인으로서 또는 당사자 일방을 보조하기 위해서 소송에 참가할 수 있다는 규정을 명문화하였다. 이에 대해서는 승소판결이 나도 회사의 법적이익에 영향을 미치는 경우를 상정하기 어렵고 참가여부에 대한 공정한 판단도 기대하기 어렵다는 이유로 반대하는 견해가 있다.[19]

다. 소의 취하, 청구의 포기·인락, 화해

대표소송의 당사자는 법원의 허가를 받지 아니하고는 소의 취하, 청구의 포기·인낙, 화해를 할 수 없다(403조 6항). 소송의 공익적 성격에서 비롯되는 처분권주의의 제한이다. 청구의 인낙을 규정한 것은 입법의 착오라는 견해가 있는데[20] 이사가 하는 인낙의 효력을 부정한다는 의미가 있으므로 입법의 착오라고 볼 수만은 없다.
인락을 부정하는 취지에서 피고의 자백의 구속력도 부정할 수 있다.

8. 판결의 효력과 이후의 처리

대표소송에서 주주가 승소판결을 받으면 소송으로 인하여 지출

---

18) 주주 또는 주식회사는 공동소송인으로서 또는 당사자 일방을 보조하기 위해 책임추궁 등의 소에 관한 소송에 참가할 수 있다. 다만, 부당하게 소송절차를 지연시키거나 법원에 대하여 과도한 사무부담을 주는 때에는 그러하지 아니하다.
19) 이철송 658쪽.
20) 이철송 658쪽.

한 비용 중 상당한 금액의 지급을 청구할 수 있다(405조 1항). 상당한 금액이란 변호사 보수 외에도 소송을 수행하면서 통상적으로 지출의 필요성이 인정되는 비용이다. 비용의 정도는 승소판결을 통해 회사가 얻은 이익을 고려하여 정한다.[21]

한편, 승소판결을 주주가 집행할 수 있는지 문제가 된다. 판결주문의 형식적 원고는 주주인데 반해 손해배상채권은 원고가 아니라 회사로 귀속되기 때문에 검토가 필요하다. 집행당사자적격을 확정하는 문제인데 확정된 종국판결의 집행력이 미치는 범위는 그 기판력의 주관적 범위와 일치한다.[22] 민사소송법 제218조 제3항은 기판력의 주관적 범위에 관해서 다른 사람을 위하여 원고나 피고가 된 사람에 대한 확정판결은 그 다른 사람에 대하여도 효력이 미친다고 규정하고 있는데 대표소송에서 회사는 제3자의 전형적인 예에 해당한다. 따라서 회사는 집행당사자로서 직접 강제집행을 신청하여 배당에 참여할 수 있다.

패소를 한 경우에는 악의가 있는 경우에 한하여 회사에 대하여 손해배상의 책임을 진다(405조 2항). 손해배상이 대표소송의 제기를 위축시킬 수 있기 때문에 둔 제한 규정이다. 악의란 회사를 해할 목적으로 제기된 소송뿐만 아니라 부적당한 소송을 수행한 경우도 포함한다고 한다. 따라서 승산 없이 제기한 소송, 불성실하게 소송을 수행하여 패소한 경우도 포함한다.[23] 그러나 제도의 취지를 고려할 때, 소송의 승산이나 불성한 소송수행 여부를 너무 넓게 해

---

21) 손주찬/정동윤(Ⅱ) 480쪽.

22) 실무제요(Ⅰ) 144쪽.

23) 이철송 660쪽.

석하여서는 아니 된다.

9. 재심의 특례

소송에서 원고와 피고가 공모하여 소송의 목적인 회사의 권리를
해할 목적으로서 판결을 하게 한 때에는 회사 또는 주주는 확정된
종국판결에 대하여 재심의 소를 제기할 수 있다(406조). 민사소송
법은 재심사유를 제한적으로 열거[24]하고 있는데 상법은 대표소송
에서 특례를 규정한 것이다. 대표소송의 구조상 주주와 이사의 거
래를 통해 소송의 취지를 몰각시킬 염려가 있기에 둔 규정이다.

재심의 소는 당사자가 판결이 확정된 뒤 재심의 사유를 안 날부
터 30일 이내에 제기하여야 하며(민소 456조 1항) 안 날로부터 30
일 이내라고 하더라도 판결이 확정된 뒤 5년이 지난 때에는 재심
의 소를 제기하지 못한다(민소 456조 3항). 따라서 주주는 전소가
사해의 공모에 의하여 패소판결이 된 사실을 안 날로부터 30일 이

---

24) 민사소송법 제451조(재심사유) ① 다음 각 호 가운데 어느 하나에 해당하면 확정된 종국판
   결에 대하여 재심의 소를 제기할 수 있다. 다만, 당사자가 상소에 의하여 그 사유를 주장하였
   거나, 이를 알고도 주장하지 아니한 때에는 그러하지 아니하다.
   1. 법률에 따라 판결법원을 구성하지 아니한 때, 2. 법률상 그 재판에 관여할 수 없는 법관
   이 관여한 때, 3. 법정대리권 · 소송대리권 또는 대리인이 소송행위를 하는 데에 필요한 권한
   의 수여에 흠이 있는 때. 다만, 제60조 또는 제97조의 규정에 따라 추인한 때에는 그러하지
   아니하다. 4. 재판에 관여한 법관이 그 사건에 관하여 직무에 관한 죄를 범한 때, 5. 형사상
   처벌을 받을 다른 사람의 행위로 말미암아 자백을 하였거나 판결에 영향을 미칠 공격 또는
   방어방법의 제출에 방해를 받은 때, 6. 판결의 증거가 된 문서, 그 밖의 물건이 위조되거나
   변조된 것인 때, 7. 증인 · 감정인 · 통역인의 거짓 진술 또는 당사자신문에 따른 당사자나
   법정대리인의 거짓 진술이 판결의 증거가 된 때, 8. 판결의 기초가 된 민사나 형사의 판결,
   그 밖의 재판 또는 행정처분이 다른 재판이나 행정처분에 따라 바뀐 때, 9. 판결에 영향을
   미칠 중요한 사항에 관하여 판단을 누락한 때, 10. 재심을 제기할 판결이 전에 선고한 확정
   판결에 어긋나는 때, 11. 당사자가 상대방의 주소 또는 거소를 알고 있었음에도 있는 곳을
   잘 모른다고 하거나 주소나 거소를 거짓으로 하여 소를 제기한 때.

내에 재심의 소를 제기하여야 한다. 다만, 대리권의 흠 또는 당사자가 상대방의 주소 또는 거소를 알고 있었음에도 있는 곳을 잘 모른다고 하거나 주소나 거소를 거짓으로 하여 소를 제기한 때가 재심사유가 되면 제소 기간의 제한은 적용되지 아니한다.

재심의 소는 회사 또는 주주가 제기할 수 있다. 주주에는 보유주식 수에 제한이 없다. 피고는 전소에서 피고가 되었던 이사이다. 재심의 소의 관할은 취소대상이 되는 판결을 한 법원의 전속관할이다(민소 453조 1항). 따라서 확정판결이 상고심판결이면 상고법원이 관할이 된다.

원고의 청구를 기각한 전소판결에 대해 재심을 구할 때, 재심취지는 "○○지방법원 ○○○가합○○○ 손해배상청구사건에 관하여 20XX. X. X. 선고한 판결은 취소한다. 2. 피고는 A주식회사에 대하여 돈 ○○○ 원 및 위 돈에 대하여 20XX. X. X.부터 이 사건 소장 부본 송달일까지는 연 5%의, 그 다음 날부터 다 갚는 날까지는 연 20%의 각 비율에 의한 돈을 지급하라."이다. 청구원인에는 전소에서 원고와 피고가 회사의 권리를 해할 목적으로 공모한 사실, 이에 따라 판결이 선고되고 확정된 사실, 그 밖에 취소의 대상이 되는 대표소송의 청구원인을 기재하면 된다.

소송의 승패에 따른 제소주주의 권리의무에 관한 제405조는 재심의 소에도 그대로 준용된다.

Ⅴ. 차액/이익 반환의 소

> 제424조의 2(불공정한 가액으로 주식을 인수한 자의 책임) ① 이사와 통모하여 현저하게 불공정한 발행가액으로 주식을 인수한 자는 회사에 대하여 공정한 발행가액과의 차액에 상당한 금액을 지급할 의무가 있다.
> ② 제403조 내지 제406조의 규정은 제1항의 지급을 청구하는 소에 관하여 이를 준용한다.
> 제467조의 2(이익공여의 금지) ① 회사는 누구에게든지 주주의 권리행사와 관련하여 재산상의 이익을 공여할 수 없다.
> ③ 회사가 제1항의 규정에 위반하여 재산상의 이익을 공여한 때에는 그 이익을 공여받은 자는 이를 회사에 반환하여야 한다. 이 경우 회사에 대하여 대가를 지급한 것이 있는 때에는 그 반환을 받을 수 있다.
> ④ 제403조 내지 제406조의 규정은 제3항의 이익의 반환을 청구하는 소에 대하여 이를 준용한다.

1. 소의 의의

이사와 통모하여 현저하게 불공정한 발행가액으로 주식을 인수한 자는 회사에 대하여 공정한 발행가액과의 차액에 상당한 금액을 지급할 의무가 있다(424조의 2 1항). 이런 행위는 회사의 자본충실을 해하고 다른 주주들의 순자산가치를 희석시키기 때문에 회사는 차액상당액을 직접 회사에 반환하도록 하고 있다. 물론 통모행위에 관여한 이사와 주주는 회사와 다른 주주들에게 손해배상할 책임이 있지만(399조, 401조), 이것은 간접적 수단에 불과하다. 1984년 상법개정 때 신설된 규정이다.

한편, 회사가 주주의 권리행사와 관련해서 제3자에게 재산상의 이익을 공여한 때에도 제3자는 회사에 대하여 공여받은 이익을 반환하여야 한다(467조의 2 1항, 3항). 이른바 총회꾼과 회사의 위법한 거래를 규제하여 주주총회를 정상화시키려는 규정이다. 역시 1984년 상법개정 때 신설된 규정이다.

차액 또는 이익의 반환을 규정한 이 규정은 모두 대표소송을 준용하고 있다(424조의 2 2항, 467조의 2 4항). 모두 회사와 제3자의 위법한 거래를 규제하려는 제도로서 회사가 적극적으로 위법행위의 효력을 부정하고 원상회복을 꾀하는 것이 사실상 어렵기 때문에 주주대표소송을 이용하여 제도의 실효성을 높이려는 것이다. 따라서 소송절차와 판결의 효력 등 전반이 주주대표소송에서 설명한 내용과 동일하다.

한편, 회사가 주주의 권리행사와 관련하여 제3자에게 주식으로 이익을 공여한 때에는 467조의 2를 424조의 2의 특칙으로 보아 467조의 2를 적용할 수 있지만[1] 주식의 공여가 주주의 권리행사와 관련이 없이 이뤄진 것이라면 다시 원칙적인 규정인 424조의 2를 적용하여야 한다.

2. 소의 성질

차액/이익 반환의 소는 통상적인 이행의 소이다. 따라서 이행의 소에 적용되는 민사소송의 일반적인 내용이 모두 적용되나 대표소송의 구조를 취하고 있기 때문에 대표소송에서 유래하는 특별한 제한이 있다.

---

1) 이철송 809쪽.

3. 제소 기간

　제소 기간의 제한은 없지만 차액/이익의 반환청구권은 재산권으로서 채권의 일반적인 소멸시효 10년이 적용되므로 제기 여부를 결정하는 데 참고할 필요가 있다. 다만, 403조를 준용하기 때문에 제소 전 원고는 회사에 대하여 서면으로 제3자로부터 차액 또는 이익의 반환을 청구하는 소를 제기할 것을 청구하여야 하고 회사가 청구를 받은 날로부터 30일 내에 소를 제기하지 아니하면 주주는 회사를 위하여 소송을 제기할 수 있다. 30일 기간의 경과로 인하여 회사에 회복할 수 없는 손해가 생길 염려가 있는 경우에는 주주는 즉시 소를 제기할 수 있다. 30일 기간 요건은 본안 전 항변사항이다.

4. 소의 당사자

　차액/이익반환의 소의 원고는 발행주식 총수의 100분의 1 이상에 해당하는 주식을 가진 주주이다. 주식보유 요건은 소 제기 시에만 충족하면 되고 소송계속 중에는 1주 이상만 보유하면 소는 유지된다(424조의 2, 403조 5항). 상장회사의 경우 주주는 6개월 전부터 계속하여 상장회사 발행주식 총수의 1만 분의 1 이상에 해당하는 주식을 보유하여야 한다(542조의 6 6항). 주식을 보유한 자에는 주식을 소유한 자뿐만 아니라 주주권행사에 관한 위임을 받은 자, 2명 이상 주주의 주주권을 공동으로 행사하는 자도 포함된다

(542조의 6 8항). 판례에 따르면 이중대표소송은 불가능하다.

차액반환의 소의 피고는 현저하게 불공정한 발행가액으로 주식을 인수한 자인데 주식인수인이란 기존에 주식을 갖고 있지 아니한 제3자 혹은 특정 주주가 신주인수권에 기하지 않고 제3자적 지위에서 주식을 인수한 자에 한정된다는 견해[2]와 주주배정에 따라 주식을 인수한 자도 포함된다는 견해가 있다.[3] 후자의 견해는 자본충실의 원칙을 관철하려는 제도의 취지상 주주배정에도 본 규정이 적용되어야 한다고 주장한다. 인수한 주식을 양도하였어도 차액이라는 경제적 이익을 보유하고 있는 주체는 최초 인수인이므로 피고 역시 최초 주식인수인이 된다.

이익반환의 소의 피고는 주주의 권리행사와 관련하여 재산상의 이익을 받은 자이다.

5. 소의 관할

차액/이익반환의 소는 회사의 본점 소재지 지방법원의 전속관할이다(424조의 2 2항, 467조의 2 4항, 403조 7항, 186조). 전속관할이 아닌 곳에 소를 제기하면 직권으로 관할 법원으로 사건이 이송된다(민소 34조 1항). 판례는 심급관할위반의 이송을 제외하고 전속관할 위반의 이송은 이송을 받은 법원을 구속한다고 해석한다.[4]

---

2) 이철송 726쪽, 정찬형 964쪽.

3) 손주찬/정동윤(Ⅳ) 127쪽, 정동윤 535쪽, 이기수 485쪽.

4) 대법원 1995. 5. 15. 선고 94마1059·1060 판결.

6. 청구취지와 청구원인

차액/이익반환의 소의 청구취지는 "피고는 A주식회사에 대하여 돈 ○○○ 원 및 위 돈에 대하여 20XX. X. X.부터 이 사건 소장 부본 송달일까지는 연 5%의, 그 다음 날부터 다 갚는 날까지는 연 20%의 각 비율에 의한 돈을 지급하라."이다.

청구원인에는 원고적격을 기초 짓는 사실, 원고가 회사에 대하여 서면으로 소 제기를 청구한 사실 및 청구 후 30일이 경과한 사실, 반환청구의 원인사실 및 반환의 범위를 기재하면 된다.

차액반환의 소에서 문제가 되는 발행가액이란 주식회사의 자본충실을 위해 만든 제도의 취지에 비추어 볼 때, 이사회에서 발행사항으로 정하는 발행가액(416조 2호)이 아니고 인수인이 실제로 납입한 인수가액(421조)이다.[5] 이사회가 정한 발행가액은 공정한데 이보다 현저하게 낮은 가액으로 인수한 경우는 자본충실의 원칙에 위배되므로 신주발행무효의 원인이라는 주장이 있으나[6] 인수가액이 액면미달이 아닌 이상 유효한 주식인수로 보아야 하고 다만 차액을 반환하도록 하여 자본충실을 꾀하는 것으로 충분하다.[7] 현저하게 불공정하다는 것은 주식의 시가와 비교하여 훨씬 낮다는 것을 의미한다. 현물출자를 과대평가하여 결과적으로 저가로 주식을 인수하게 한 때도 현저하게 불공한 때에 해당한다.[8]

---

5) 손주찬/정동윤(Ⅳ) 125쪽, 이기수 485쪽, 이철송 725쪽, 정동윤 534쪽, 정찬형 964쪽.
6) 이철송 725쪽.
7) 손주찬/정동윤(Ⅳ) 125쪽, 이기수 485쪽, 정동윤 534쪽, 정찬형 965쪽.
8) 손주찬/정동윤(Ⅳ) 126쪽, 이철송 725쪽.

이익반환의 소에서 문제가 되는 주주권행사란 결의권, 대표소송 제기권, 주주총회결의취소의 제소권, 검사인선임청구권과 같은 공익권은 물론 주식매수청구권과 같은 자익권의 행사도 포함된다.[9] 주주권행사와의 관련성이란 주주권을 행사하는 데 영향을 미치는 경우를 말한다. 적극적 행사와 소극적 불행사를 모두 포함한다. 회사에 의한 이익공여만을 규제하기 때문에 회사 이외의 자가 제공하는 이익공여는 대상이 아니다. 재산상의 이익이란 적극적인 이익의 지급뿐만 아니라 채무의 면제 등 소극적인 이익도 포함한다.

7. 소송절차상 특징

차액/이익반환의 소를 제기하면 이사는 그 대표소송의 제기에 대한 원고의 악의를 소명하고 담보제공의 명령을 청구할 수 있고 이때 법원은 원고에게 상당한 담보를 제공할 것을 명할 수 있다(424조의 2 2항, 467조의 2 4항, 403조 7항, 176조 3항, 4항).

소송을 제기한 주주는 지체 없이 회사에 대하여 소송의 고지를 하여야 하고 회사는 대표소송에 참가할 수 있다(424조의 2 2항, 467조의 2 4항, 404조). 회사가 소송에 참가하면 소송의 형태는 유사필수적 공동소송이 된다.

소송의 당사자는 법원의 허가를 받지 아니하고는 소의 취하, 청구의 포기·인낙, 화해를 할 수 없다(424조의 2 2항, 467조의 2 4항, 403조 6항).

---

9) 손주찬/정동윤(Ⅳ) 408쪽.

이익반환의 소에서 입증책임의 전환 규정이 있다. 회사가 특정의 주주에 대하여 무상으로 재산상의 이익을 공여한 경우에는 주주의 권리행사와 관련하여 이를 공여한 것으로 추정한다. 회사가 특정의 주주에 대하여 유상으로 재산상의 이익을 공여한 경우에 있어서 회사가 얻은 이익이 공여한 이익에 비하여 현저하게 적은 때에도 또한 같다(467조의 2 2항). 따라서 제소주주는 청구원인에서 이익의 공여가 무상이거나 회사가 얻은 이익이 공여한 이익에 비하여 현저하게 적다는 사실을 주장 입증하면 된다.

8. 판결의 효력과 이후의 처리

차액반환의 소에서 원고승소판결이 확정되면 인수인은 공정한 가액과의 차액에 상당한 금액을 회사에 지급하여야 한다. 인수인은 기존에 회사에 대하여 가지고 있는 채권을 자동채권으로 하여 위 차액청구채권과 상계할 수 없다. 차액반환의 소와 별도로 이사에 대하여 손해배상책임이 인정되더라도 반환책임은 손해해상책임과는 별개의 책임으로 서로 영향을 미치지 아니한다(424조의 2 3항).

이익반환의 소에서 원고승소판결이 확정되면 제3자는 이익을 반환하여야 한다. 이것은 성격상 부당이득반환인데 민법상 불법원인급여(민 746조)가 되어 반환을 청구할 수 없는 때를 대비하여 둔 특칙이다.

한편, 소송에서 주주가 승소판결을 받으면 소송으로 인하여 지출한 비용 중 상당한 금액의 지급을 청구할 수 있다(424조의 2 2항,

467조의 2 4항, 405조 1항). 패소를 한 경우에는 악의가 있는 경우에 한하여 회사에 대하여 손해배상의 책임을 진다(424조의 2 2항, 467조의 2 4항, 405조 2항).

9. 재심의 특례

차액/이익반환의 소에서 원고와 피고가 공모하여 소송의 목적인 회사의 권리를 해할 목적으로서 판결을 하게 한 때에는 회사 또는 주주는 확정된 종국판결에 대하여 재심의 소를 제기할 수 있다(424조의 2 2항, 467조의 2 4항, 406조). 재심의 소는 당사자가 판결이 확정된 뒤 재심의 사유를 안 날부터 30일 이내에 제기하여야 하며(민소 456조 1항) 안 날로부터 30일 이내라고 하더라도 판결이 확정된 뒤 5년이 지난 때에는 재심의 소를 제기하지 못한다(민소 456조 3항). 재심의 소의 관할은 취소대상이 되는 판결을 한 법원의 전속관할이다(민소 453조 1항).

Ⅵ. 이사해임의 소

제385조(해임) ② 이사가 그 직무에 관하여 부정행위 또는 법령이나 정관에 위반한 중대한 사실이 있음에도 불구하고 주주총회에서 그 해임을 부결한 때에는 발행주식의 총수의 100분의 3 이상에 해당하는 주식을 가진 주주는 총회의 결의가 있은 날부터 1개월 내에 그 이사의 해임을 법원에 청구할 수 있다.
③ 제186조의 규정은 전항의 경우에 준용한다.

1. 소의 의의

이사가 그 직무에 관하여 부정행위 또는 법령이나 정관에 위반한 중대한 사실이 있는데도 주주총회에서 해임을 부결한 때에는 발행주식 총수의 100분의 3 이상을 가진 주주는 총회결의가 있은 날로부터 1개월 내에 그 이사의 해임을 법원에 청구할 수 있다(382조 2항). 주주총회는 특별결의로 이사를 언제든지 해임시킬 수 있으나 만일 주주총회의 의사를 좌우할 만한 대주주의 비호를 받는 이사가 이를 배경으로 전횡을 일삼는다든지, 대주주의 이익을 대변하여 위법한 행위를 하게 되면 주주총회를 통한 이사해임은 요원해진다. 이에 따라 상법은 소수주주권으로 재판을 통해 해당 이사를 해임할 수 있는 길을 열어 이사와 대주주를 견제하고 있다.

2. 소의 성질

이사해임의 소는 법원의 판결로 이사의 해임이라는 법률관계를 창설하는 것이므로 형성의 소이다. 원고적격, 제소 기간의 제한 등 형성의 소가 갖는 일반적인 표지를 갖고 있다.

3. 제소 기간

주주총회의 결의가 있은 날부터 1개월 내에 그 이사의 해임을 법원에 청구할 수 있다. 여기서 말하는 결의는 이사해임의 의안이 부결된 것을 가리키는데 부결은 결의가 적극적으로 성립하지 아니한 때뿐만 아니라, 해임을 가결하지 아니하는 모든 경우를 포함한다. 따라서 이사해임의 의안심의는 시작했으나 의안의 채택에 있어서 정족수에 달하는 주주의 출석이 없어서 해임결의가 성립하지 아니한 경우, 아예 의안심의를 하지 않아 의안으로 채택되지 않는 경우도 부결이다.[1] 대주주가 해임의결을 막기 위해 애초에 해임의안으로 사정되는 것을 방해할 수 있게 하면 소송의 요건을 충족하지 못해 소 제기 자체가 어렵게 되기 때문이다. 따라서 주주는 이사해임의 의안으로 상정을 시도한 주주총회일로부터 1개월 내에 소를 제기할 수 있다.

---

1) 손주찬/정동윤(Ⅲ) 386쪽.

4. 소의 당사자

원고는 발행주식 총수의 100분의 3 이상을 가진 주주이다. 상장
법인은 발행주식 총수의 10,000분의 50(자본금이 1,000억 원 이상
인 회사는 10,000분의 25) 이상의 주식을 6개월간 계속 보유한 주
주만 해임청구를 할 수 있다(542조의 6 3항). 100분의 3 보유 요건
은 소 제기 시부터 판결선고 시까지 계속하여 충족하여야 하고 소
송계속 중 요건을 충족하지 못하면 청구를 각하한다. 다만, 소송계
속 중 신주발행으로 위 요건을 충족하지 못하는 경우엔 그러하지
아니하다는 해석이 있다.[2]

제소권자인 주주는 해임안건에 적극적으로 찬성한 자로 한정되
지 않는다. 왜냐하면 이 소송은 주주총회 결의취소의 소와 같이 회
사의 건전한 경영을 보장하는 역할을 하는 공익적 성격이 있기 때
문이다. 따라서 해임의결에 따라 제소주주에게 미치는 유·불리도
따지지 않는다.

피고를 누구로 할 것인가에 대해서는 회사를 피고로 한다는 설,
이사만을 피고로 한다는 설, 이사와 회사를 피고로 한다는 설이 있
을 수 있다. 이에 관해선 일본 최고재판소의 판례[3]가 참조가 될 것
같다. 최고재판소는 이사해임의 소는 회사와 이사 간의 회사법상의
법률관계의 해소를 형성하는 소이기 때문에 해당 법률관계의 당사
자인 회사와 이사 양자를 피고로 하여야 하고, 실질적으로 생각해도
분쟁의 내용은 이사의 직무수행에 관계된 부정행위 또는 법령위반

---

2) 손주찬/정동윤(Ⅲ) 386쪽.

3) 最高裁判所 平成 10. 3. 27. 判決.

또는 정관에 위반한 중대한 사실인가 여부이므로 이사에 대한 절차보장의 관점에서 회사와 함께 이사도 피고로 하여야 한다고 판결했다. 이렇게 되면 고유필수적 공동소송의 형태로 진행된다.

임기만료 또는 사직한 퇴임이사는 이 소의 피고적격이 없다. 제386조 1항은 법률 또는 정관에 정한 이사의 원수를 결한 경우에는 임기의 만료 또는 사직으로 인하여 퇴임한 이사는 새로 선임된 이사가 취임할 때까지 이사의 권리의무가 있다고 규정하고 있어 이들에 대한 소가 가능할지 의문스러울 수 있는데 같은 조 2항에 따르면 이들이 이사의 직무를 수행하기 부적합하다고 판단되면 이해관계인은 일시적으로 이사의 직무를 행할 자를 선임할 수 있기 때문에 퇴임한 이사에 대한 소 제기는 적절한 분쟁해결 수단이 될 수 없다.

소가 제기된 후 피고 이사가 사임을 하고 다시 주주총회를 거쳐 이사로 선임된 경우에는 이미 제기된 해임의 소에 소의 이익이 없는지도 검토할 필요가 있다. 대주주의 지지를 받는 이사라면 얼마든지 다시 이사로 선임될 여지가 있기 때문이다. 이에 대해선 해임청구의 소는 특정 이사를 선임한 결의의 위법을 이유로 한 것이 아니라 특정인의 이사로서의 부적격성을 이유로 하는 것이기 때문에 사임하고 재차 선임되었다고 하여도 당초의 청구원인이 유지되고 따라서 적법한 소라는 견해가 있다.[4]

---

4) 이철송 529쪽. 반대의 견해로 정동윤 390쪽.

5. 소의 관할

해임청구의 소는 회사의 본점 소재지의 지방법원 전속관할이다 (382조 3항, 186조). 따라서 전속관할에 관한 일반적인 내용이 모두 적용된다.

6. 청구취지와 청구원인

청구취지는 "피고 A를 피고 회사의 이사에서 해임한다." 또는 "피고 회사의 이사 피고 A를 해임한다."이다. 청구원인에는 원고가 발행주식 총수의 100분의 3 또는 10,000분의 50을 갖고 있는 사실, 피고 A가 피고 회사의 이사인 사실, 피고 A의 업무집행에 관하여 부정행위 또는 법령 또는 정관에 위반한 중대한 사실이 있다는 것, 주주총회에서 A의 해임결의가 부결된 사실 또는 해임의결안의 상정이 시도되었던 주주총회가 개최된 사실, 위 주주총회의 날로부터 1개월이 경과하지 아니한 사실 등을 적어야 한다.

부정행위 또는 법령·정관의 위반을 요건으로 하기 때문에 이사의 손해배상책임의 요건인 임무해태를 만족한다고 하더라도 곧바로 해임의 요건을 충족한 것은 아니다. 해임은 손해배상책임을 부담하는 경우보다 무거운 책임을 추궁하는 것이기 때문에 요건이 강화되었다.

직무의 관련성에는 직무수행 자체뿐만 아니라 직무집행에 직접 혹은 간접적으로 관련이 있는 행위도 포함된다. 따라서 이사회의

허가를 얻지 아니한 경업행위, 이사회의 허가를 얻지 아니한 회사
와의 자기거래행위 등이 여기에 포함된다.

　부정행위란 의무에 위반하여 회사에 손해를 발생시키는 고의의
행위를 말한다.[5] 회사재산의 사적 유용을 예로 들 수 있다. 부정행
위에 대해서는 법령 또는 정관 위반행위와 달리 중대한 사실을 요
건으로 하지 않는데 이것은 부정한 행위 자체가 중대성을 표지하
기 때문이다.

　법령이나 정관에 위반한 중대한 사실이란 과실행위도 포함하지
만 이때에는 중대한 위반이 인정되어야 한다. 경미한 위반행위까지
도 해임의 책임을 재판을 통해 묻는 것은 법원의 과도한 개입이기
때문이다. 이사의 회사에 대한 책임을 언급하면서 다뤘던 경영판단
의 원칙이 이사해임에도 적용된다는 논의가 있기는 하지만 법령이
나 정관에 위반한 행위는 기본적으로 위법행위이기 때문에 경영판
단의 원칙이 적용되는 범위를 넘어선 것이라고 생각한다. 법령위반
의 중대한 사실로는 이사가 특단의 사정이 없이 주주총회의 소집
을 회피하여 설립 후 수년이 지나도록 1회의 주주총회 소집을 하
지 않는 때를 생각해 볼 수 있다.[6] 한편, 섬유제조업을 영위하는
회사가 볼링장을 건설한 후 자회사에게 이를 임대하였다가 자회사
의 경영이 악화되어 회사가 손해를 입은 사례에서 볼링장임대사업
을 시작할 당시에는 무리가 아니라는 경영상의 판단을 할 여지가
충분히 있다는 점을 들어 해임청구의 소를 기각한 사례가 있다.[7]

---

5) 이철송 528쪽.
6) 東京地方裁判所 昭和 28. 12. 28. 判決.
7) 新戸地方裁判所 昭和 51. 6. 18. 判決.

해임의 사유는 이사의 재임 중에 발생한 것이면 족하고 해임 청구 시 존재할 필요는 없다.[8]

7. 소송절차상 특징

해임판결이 선고되기 전이라도 법원은 당사자의 신청에 의하여 가처분으로 이사의 직무집행을 정지할 수 있고 직무대행자를 선임할 수 있고 급박한 사정이 있는 때에는 해임소송의 제기 전이라도 그 처분을 할 수 있다(407조 1항). 가처분이 있는 때에는 회사의 본점 및 지점의 소재지에서 그 등기를 하여야 한다. 법원의 가처분 명령에 따라 선정된 직무대행자는 다른 정함이 없으면 회사의 상무에 속하지 아니한 행위를 하지 못한다. 다만, 법원의 허가를 얻은 경우에는 그러하지 아니하다(408조 1항). 만일 직무대행자가 이를 위반한 행위를 하면 회사는 선의의 제3자에 대하여 책임을 부담한다(408조 2항).

8. 판결의 효력과 이후의 처리

상법은 전속관할에 관한 규정만 준용하고 대세효에 관한 규정은

---

8) 대법원 1993. 4. 9. 선고 92다53583 판결(회사의 이사가 회사와 동종영업을 목적으로 하는 다른 회사를 설립하고 다른 회사의 이사 겸 대표이사가 되어 영업준비작업을 하여 오다가 영업활동을 개시하기 전에 다른 회사의 이사 및 대표이사직을 사임하였다고 하더라도 이는 상법 제397조 제1항 소정의 경업금지의무를 위반한 행위로서 특별한 다른 사정이 없는 한 이사의 해임에 관한 상법 제385조 제2항 소정의 "법령에 위반한 중대한 사실"이 있는 경우에 해당한다).

준용을 하고 있지 아니하다. 따라서 원고승소판결에 대세효는 없다. 해임의 소가 이사와 회사 쌍방을 피고로 하고 있기 때문에 적어도 해당 이사와 회사의 구성원 간에는 해임판결의 효력이 미치게 되어 대세효를 인정하여야 할 실익이 별로 없고 특히 불합리한 사태가 발생할 여지도 없다.[9]

이사의 해임판결이 확정되면 제1심 수소법원은 회사의 본점과 지점소재지의 등기소에 재판의 등본을 첨부하여 그 등기를 촉탁하여야 한다(비송 107조 6호, 108조).

---

9) 商事硏究會 Ⅰ 17頁.

제5장
주주권과 소송

Ⅰ. 주주권확인의 소

1. 소의 의의

주주와 회사 간, 주주와 회사 이외의 제3자 간 주주의 지위에 관하여 다툼이 있으면, 주주는 다른 주주 혹은 회사를 상대로 주주권확인의 소를 제기할 수 있다. 보통 주주를 확정할 때, 기명주식의 주주는 회사가 주주명부를 가지고 있기 때문에 회사가 주주명부를 가지고 인적 동일성을 확인하면 되고 무기명 주식의 주주는 주권의 소지를 가지고 권리를 입증하게 하면 된다. 그러나 이러한 기재 혹은 등록의 사실이 있다고 하더라도 타인명의로 주식을 인수하거나 주식을 양도한 후에 그 효력에 관하여 다툼이 있게 되면 누가 진실한 주주인지 확정하여야 하는 문제가 생기게 된다. 주주권확인의 소는 이런 경우에 유용한 분쟁해결 수단이 된다.

주주임을 전제로 명의개서절차이행의 소를 제기하여 주주권을 인정받을 수도 있는데 명의개서가 되지 아니한 기명주식의 주주가 자신이 진실한 주주임을 주장할 때 사용할 수 있는 방법이다. 그러나 기명주식에 대해서 이미 명의개서가 되었거나 무기명주식을 소지하고 있는 상태에서 주주권에 관하여 분쟁이 생긴 것이라면 명의개서절차이행의 소를 제기할 것이 아니라 주주권확인의 소를 통해 분쟁을 해결하여야 한다.

2. 소의 성질

확인의 소이다. 따라서 권리 또는 법률상의 지위에 현존하는 불안·위험이 있고, 그 불안·위험을 제거하는 데 확인판결을 받는 것이 가장 유효·적절한 수단으로 인정되어야 한다.

3. 제소 기간

특별한 제한은 없으나 주주권에 대하여 다툼이 있었는데도 장기간 아무런 이의를 제기하지 않다가 제소를 하면 실효의 원칙이 적용되어 권리를 부인당할 수도 있다. 판례는 근로관계에서 근로자의 해고 무효확인의 이익을 부정하는 데 이 법리를 주로 사용하고 있다.[1]

4. 소의 당사자

주주와 회사 이외의 제3자 간에 주주권의 귀속을 다투고 있는 경우라면 피고는 주주 개인이 된다. 일본에서는 주주만을 피고로 하면 판결의 효력이 회사에 미치지 아니하여 주주 간 소송의 소의

[1) 대법원 1992. 1. 21. 선고 91다30118 판결.

이익을 부정하는 견해가 있었다고 하나 최고재판소는 주주 간 소송의 당사자가 아닌 회사에 대해서도 합일 확정한 판결을 반드시 하여야 할 필요가 없다는 점을 들어 소의 이익을 긍정한다.[2]

주주와 회사 간에 다툼이 있으면 회사를 상대로 소를 제기한다.

5. 소의 관할

주주권확인의 소는 전속관할에 관한 규정이 적용되지 아니하므로 회사를 피고로 소를 제기하는 때는, 회사의 주된 사무소 또는 영업소의 소재지를 관할하는 법원에 관할이 있다(민소5조 1항). 회사 이외에 제3자를 상대로 소를 제기하는 때에는 그 사람의 주소지를 관할하는 법원에 관할이 있다(민소 3조 본문).

6. 청구취지와 청구원인

회사를 상대로 소를 제기할 때는 "원고가 피고 회사의 ○주를 보유하는 주주임을 확인한다."라는 청구취지를 기재하고, 회사 이외의 제3자를 상대로 소를 제기할 때는 "원고가 A주식회사의 ○주를 보유하는 주주임을 확인한다."라고 기재한다.

청구원인에는 원고가 피고 회사 또는 A주식회사의 ○주를 보유하는 주주라는 사실, 피고가 원고의 주주 지위를 다투고 있는 사실

---

2) 最高裁判所 昭和 35. 3. 11. 判決.

을 기재하면 된다. 구체적으로는 회사를 상대로 소를 제기한 때는 기명주식의 주주임을 주장하는 원고는 주권을 소지하고 있는 사실, 명의개서를 회사에 청구하였으나 회사가 이를 거부한 사실을 주장 입증하면 된다. 주권이 발행되지 않은 상태에서 회사 이외의 제3자를 상대로 소를 제기한 때는 주식의 취득원인사실을 주장·입증하면 된다. 상대방은 취득원인이 된 법률행위가 해제, 무효 등으로 효력이 없음을 주장·입증하여야 한다. 주권이 발행된 경우에는 주권의 점유사실만을 주장·입증하면 된다. 이를 다투는 상대방은 해당 주권이 위조되었거나 주권의 점유가 절취 등 위법한 절차에 의하여 이뤄진 사실 등을 항변하면 된다.

명의를 차용하여 주식을 인수한 때에는 실질적으로 주금을 납부한 명의차용자가 주주이므로[3] 주주는 명의차용사실, 주금납부사실을 주장·입증하면 되는데 구체적으로는 주식취득자금의 출처, 명의대여자와 명의차용자의 관계, 두 사람의 합의의 내용, 주식취득의 목적, 취득 후 이익배당 및 주식배당의 귀속 주체, 명의대여자와 명의차용자의 회사에 대한 관계, 명의차용이유의 합리성, 주주총회에서 실제 주주권행사의 주체 등을 종합적으로 주장·입증할 필요가 있다.[4]

주식양도가 정관 또는 법령에 위반하여 이뤄진 경우 양수인은 회사를 상대로 주주권의 인정을 주장할 수 있는가? 정관에 주식양도에 관하여 이사회의 승인을 얻도록 규정하였는데(335조 1항 단서) 이를 위반하여 주식을 양수한 자는 회사에 대하여 주주권확인

---

3) 대법원 1998. 9. 8. 선고 96다45818 판결. 이에 반대하는 견해로는 이철송 251쪽 참조.
4) 商事硏究會 Ⅱ 806頁.

을 구할 수 없다(335조 2항). 양도승인을 거절하면 회사에 대하여 해당 주식의 매수를 청구할 수 있을 뿐이다(335조의2 4항). 권리주의 양도는 금지가 되므로(319조), 권리주의 양수인은 회사를 상대로 주주권확인을 구할 수 없고 회사도 그 효력을 승인할 수 없다.[5] 주권발행전주식도 양도가 제한되는데(335조 3항) 회사성립 후 또는 신주의 납입기일 후 6개월이 경과하기 전에는 주권발행전주식의 양도는 회사에 대하여 효력이 없으므로 양수인은 주주권의 확인을 구할 수 없다. 그러나 6개월이 경과하도록 회사가 주권을 발행하지 아니하면 양도의 흠이 치유되어[6] 양수인은 주주권의 확인을 비롯하여 명의개서 절차의 이행을 청구할 수 있다. 따라서 6개월이 경과한 이후에는 주권이 발행이 되지 않아도 자유롭게 주식을 양도할 수 있고 회사에 대하여 주주권을 행사할 수 있다. 이때는 지명채권양도방식에 따라야 하므로[7] 양도인의 회사에 대한 통지 또는 회사의 승인이 필요하고 통지 또는 승낙은 확정일자 있는 증서에 의해서 이뤄져야 한다. 주식이 2중 양도되었다면 회사에 최초로 도달한 확정일자가 있는 통지 또는 회사의 최초 승낙이 있었던 양도가 우선한다. 따라서 주식의 2중 양수인은 위와 같은 사정을 주장·입증하여야 한다.

회사가 자기주식을 취득한 경우 양도인은 그 무효를 주장하며 주주권의 확인을 구할 수 있을까? 양도 후 주주명부에서 양도인의 명의가 삭제되었다면 후술하는 명의개서절차이행의 소를 제기하는

---

5) 대법원 1965. 12. 7. 선고 65다2069 판결.
6) 대법원 2002. 3. 15. 선고 2000두1850 판결.
7) 대법원 1988. 10. 11. 선고 87누481 판결.

것이 타당하지만 주주명부 폐쇄 등 명의개서가 이뤄지기 어려운 사정이 있다면 주주권확인의 소도 생각해 볼 수 있다. 상법은 자기주식의 취득을 원칙적으로 금지하면서(341조). 담보취득(341조의 3 본문), 신주인수권증서에 의한 신주인수(420조의 2), 자회사의 모회사 주식취득(342조의2) 등도 같은 취지로 금지하고 있다. 해석상으로는 신주인수, 신주인수권부사채·전환사채의 취득,[8] 자신의 주식을 취득하는 제3자에 대한 자금지원[9]도 금지한다. 자기주식을 취득한 행위의 효력에 대해서는 무효설, 유효설, 원칙적으로는 무효이나 회사가 타인명의로 취득한 경우에는 상대방이 선의인 한 유효하다는 부분적 무효설, 양도인의 선의·악의를 묻지 않고 무효이나 선의의 제3자에게 대항하지 못한다는 상대적 무효설로 입장이 나뉜다. 판례는 무효설이다.[10] 판례에 따르면 양도인은 양도행위의 무효를 주장하여 회사를 상대로 본소를 제기할 수 있다.

한편, 주주 간 합의로 소정 기간 동안 주식을 양도하지 않기로 약정한 것은 제335조 제1항 위반이므로 무효이고 따라서 회사는 양수인의 명의개서청구를 거부할 수 없다는 것이 판례의 태도이다.[11]

7. 소송절차상 특징

주주권확인의 소는 일반적인 확인의 소이므로 판결의 기판력도

---

8) 이철송 310쪽~311쪽.
9) 대법원 2003. 5. 16. 선고 2001다44109 판결.
10) 대법원 2003. 5. 16. 선고 2001다44109 판결.
11) 대법원 2000. 9. 26. 선고 99다48429 판결.

당사자 간에만 미치고 따라서 변론주의, 처분권주의가 적용된다. 소송의 당사자가 파산선고를 받으면 파산자의 재산은 파산재단에 속하게 되고 당사자는 재산권에 관한 관리처분권을 잃는다. 대신 파산관재인이 소송을 수계할 수 있다(도산 347조 1항).

8. 판결의 효력과 이후의 처리

주주권의 확인을 받으면 회사는 판결의 취지에 따라 명의개서절차의 이행, 주주총회에서의 의결권 행사 등을 허용해야 한다. 소수주주권을 갖는 주주는 판결에 기초하여 명의개서 없이도 그 권리를 행사할 수 있다.

Ⅱ. 명의개서절차이행의 소

1. 소의 의의

주식의 이전으로 주주가 교체되었을 때 취득자가 회사를 상대로 주주명부에 주주로 기재하는 것을 명의개서라 한다. 제337조는 기명주식의 이전은 취득자의 성명과 주소를 주주명부에 기재하지 아니하면 회사에 대항하지 못한다고 규정하여 회사에 대한 관계에서는 명의개서가 절대적인 역할을 한다고 상정하고 있다. 따라서 기명주식을 이전받아도 명의개서를 하지 아니하면 회사에 대하여 주주권을 행사하기 어렵다. 명의개서미필주주는 주식양도계약의 내용에 따라 양도인에게 귀속되는 주주권행사의 결과를 이전하여 줄 것을 청구할 채권적 권리만을 갖게 된다.

회사가 정당한 이유 없이 기명주식의 정당한 소지인이 요구하는 명의개서를 거부하면 소지인은 단독으로 명의개서에 갈음하는 판결을 구할 수 있다. 이것은 채무자인 회사의 의사표시에 갈음하는 재판이다(민집 389조 2항). 따라서 명의개서미필주주의 주주권을 확보하는 가장 효과적인 방법은 곧바로 명의개서절차이행의 소를 제기하여 승소판결을 받아내는 것이다. 물론, 주권의 점유자는 이를 적법한 소지인으로 추정하기 때문에(336조 2항), 주권을 소지하고 있다는 사실을 소명하였는데 회사가 명의개서를 거부하면 손해배상 등의 책임을 부담할 수 있지만 역시 가장 간명한 방법은 명의개서절차이행의 소를 제기하여 판결로서 주주의 지위를 확보하는 것이다.

2. 소의 성질

명의개서절차이행의 소는 의사표시에 갈음하는 재판으로서 통상의 이행의 소이다. 따라서 이행의 소에 관한 일반적인 사항이 그대로 적용된다.

3. 제소 기간

제소 기간의 제한은 없고 주식을 소지하고 있는 양수인은 언제든지 소를 제기할 수 있다.

4. 소의 당사자

원고는 주식의 소지자이다. 피고는 주식발행회사이다.

5. 소의 관할

소의 관할은 회사의 주된 사무소 또는 영업소가 있는 곳의 관할 법원이다(민소 5조 1항).

6. 청구취지와 청구원인

청구취지는 "피고회사는 원고에 대하여 별지목록 기재 원고의 주식에 관하여 원고 명의로의 명의개서절차를 이행하라."이다. 청구원인은 원고가 피고 회사의 주식을 소지하고 있는 사실, 원고가 피고에 대하여 주식의 명의개서를 위해 해당 주식을 제시한 사실, 피고 회사의 정관에 그 주식에 대한 주권을 발행한다는 취지의 기재가 있는 사실 등이다.

주권의 점유자는 주주로서 권리추정을 받기 때문에 주권의 소지인은 자기가 권리자임을 별도로 증명할 필요 없이 회사에 대하여 권리를 행사할 수 있는데 기명주식의 소지인은 명의개서를 하여야 회사에 대항할 수 있으므로 권리의 추정력이란 소송법상 추정을 번복하여야 할 입증부담을 회사에게 지우는 기능을 수행하는 실익이 있다. 소송 중 회사가 주권의 소지인을 정당한 권리자로 보고 명의개서절차를 이행하면[1] 소의 이익은 없게 된다. 명의개서절차이

---

1) 대법원 1989. 10. 24. 선고 89다카14714 판결(상법 제337조의 규정은 주주권 이전의 효력 요건을 정한 것이 아니고 회사에 대한 관계에서 누가 주주로 인정되느냐 하는 주주의 자격을 정한 것으로서 기명주식의 취득자가 주주명부상의 주주명의를 개서하지 아니하면 스스로 회사에 대하여 주주권을 주장할 수 없다는 의미이고, 명의개서를 하지 아니한 실질상의 주주를 회사 측에서 주주로 인정하는 것은 무방하다고 해석할 것이다).

행 이후 소지인이 적법한 권리자가 아니라는 사정이 밝혀졌더라도
회사는 악의나 중대한 과실이 없는 한 면책된다. 악의나 중과실의
내용은 명의개서청구자가 무권리자라는 사실을 조금의 주의만 기
울였으면 입증할 수 있었는데도 그것을 간과하고 명의개서를 한
것을 말한다. 한편, 타인 명의로 주식을 양도받아 타인 명의로 명
의개서가 된 경우 실질적인 주식양수인은 명의신탁의 해지를 주장
하며 주주명부의 변경을 요구할 수 있을까? 명의개서는 권리의 추
정력만을 부여할 뿐이므로 진정한 권리자임을 증명하면 회사는 변
경요구에 응하여야 한다.[2]

회사가 기명주식을 발행한 때에는 주주명부에 주주의 성명과 주
소, 각 주주가 가진 주식의 종류와 그 수, 각 주주가 가진 주식의
주권을 발행한 때에는 그 주권의 번호, 각 주식의 취득 연월일 등을
기재하여야 하는데(352조 1항), 만일 이런 필요적 기재사항을 흠결
한 주주명부를 운영하고 있다면 이것은 무효이기 때문에 이때는 명
의개서절차이행을 요구하지 아니하고도 주주권을 행사할 수 있다.

상속을 원인으로 주식을 취득한 후 해당 주권을 상속인이 소지
하고 있다는 점을 입증하여 명의개서절차의 이행 혹은 변경을 구
할 수 있을까? 견해에 따라서는 포괄승계에 의해서 권리를 승계한

---

2) 대법원 1989. 7. 11. 선고 89다카5345 판결[상법상 주권의 점유자는 적법한 소지인으로 추
   정하고 있으나(제336조 제2항) 이는 주권을 점유하는 자는 반증이 없는 한 그 권리지로 인정
   된다는 것, 즉 주권의 점유에 자격수여적 효력을 부여한 것이므로 이를 다투는 자는 반대사실
   을 입증하여 반증할 수 있고, 또한 등기주식의 이전은 취득자의 성격과 주소를 주주명부에 기
   재하여야만 회사에 대하여 대항할 수 있는바(제337조 제1항), 이 역시 주주명부에 기재된 명
   의상의 주주는 실질적 권리를 증명하지 않아도 주주의 권리를 행사할 수 있게 한 자격수여적
   효력만을 인정한 것뿐이지 주주명부의 기재에 창설적 효력을 인정하는 것이 아니므로 반증에
   의하여 실질상 주식을 취득하지 못하였다고 인정되는 자가 명의개서를 받았다 하여 주주의 권
   리를 행사할 수 있는 것은 아니다].

자는 주권을 제시함 없이 포괄승계의 사실만을 증명하여 명의개서를 청구할 수 있다는 견해가 있다.[3] 하지만 소송절차로 들어가면 어차피 포괄승계사실의 입증 및 주권의 소지사실도 입증을 하는 것이 간명하기 때문에 절차상의 큰 실익은 없어 보인다.

Y주식회사의 주식을 X로부터 양수받은 A가 먼저 X를 상대로 주주권확인의 소를 제기하여 승소판결을 받았을 때, 이 승소판결에 기하여 그 후 A가 Y주식회사를 상대로 제기한 명의개서절차이행의 소에 대해 승소판결을 할 수 있을까? X가 A에 대하여 제기한 주주권확인소송 확정판결의 기판력의 시적 범위는 변론종결 당시까지만 미치기 때문에 그 이후 사정변화에 따라 A는 X에 대해서 명의개서절차이행에 협조할 의무를 부담하지 않을 수 있고 이는 Y회사가 명의개서에 응하지 아니할 사유가 될 수 있다. 따라서 위 승소판결만으로 명의개서절차이행의 소를 인용할 수는 없다.

공시최고신청이 있는 중에도 제권판결이 있을 때까지는 주권의 선의취득이 인정될 여지가 있기 때문에 회사는 주권소지인의 명의개서청구에 응해야 한다.[4] 따라서 회사가 명의개서에 응하지 않으려면 주권소지인이 악의임을 입증하여야 한다.

7. 소송절차와 판결의 효력 및 이후의 처리

명의개서절차이행의 소는 통상의 급부소송이고 판결의 기판력도 당사자에게만 미친다. 통상적인 변론주의, 처분권주의가 적용된다.

---

3) 이철송 279쪽, 정찬형 701쪽.

4) 最高裁判所 昭和 29. 2. 19. 判決.

제6장
회사의 자본과 소송

Ⅰ. 신주발행유지의 소

1. 소의 의의

신주의 발행은 주식회사가 외부로부터 자본을 끌어들이는 주된 수단이기 때문에 절차의 신속한 처리를 위해 이사회의 권한으로 발행한다(416조 본문). 그러나 이사회가 신속한 자금조달만을 위해 주식을 발행하게 되면 무엇보다 기존 주주의 권리를 침해할 수 있기 때문에 일정한 경우에 주주들은 신주의 발행을 유지시킬 수 있어야 하는데 상법은 법령 또는 정관에 위반하거나 현저하게 불공정한 방법에 의해 주식을 발행함으로써 주주가 불이익을 받을 염려가 있으면 그 주주가 회사에 대하여 신주발행의 유지를 청구할 수 있도록 규정하고 있다(424조). 위법한 신주발행에 대해서는 신주발행무효의 소라는 사후적 구제수단과 앞서 검토한 차액반환의 소가 있으나 이 둘은 사후적 구제수단이라는 점에서 본소와 차이가 있다.

이사의 위법행위유지청구의 소는 이사의 위법한 행위를 예방하려는 사전적 구제수단이라는 점에선 동일하지만 양자는 몇 가지 차이점이 있다. 위법행위유지청구의 소는 회사의 이익을 보호하기 위한 제도이고, 소수주주권의 대상이며, 피고는 이사이다. 이사의 법령 또는 정관에 위반한 행위를 청구원인으로 하고 회사에 회복할 수 없는 손해가 생길 염려가 있을 때 행사한다. 그러나 신주발행유지의 소는 불이익을 받을 염려가 있는 주주는 누구나 청구할 수 있고, 피고는 회사이다. 또 청구원인은 법령 또는 정관에 위반하거나 현저하게 불공정한 방법으로 신주를 발행한 때로 한정되며 특정 주주가 불이익을 받을 염려가 있을 때 행사할 수 있다. 결론적으로 위법행위유지청구의 소는 공익권에 기인한 것이나 신주발행유지청구의 소는 자익권에 기인한 성격이 강하다.

한편, 보전의 필요성이 인정되면 신주발행유지청구권을 피보전권리로 하는 신주발행유지가처분을 고려할 수 있다.

2. 소의 성질

통상적인 이행의 소이다.

3. 제소 기간

제소 기간의 제한은 없지만 소의 성격상 신주발행의 효력이 생기기 전인 납입기일까지 소를 제기하여야 한다. 신주가 발행되어 효력이 있으면 소의 이익이 없어 각하된다. 반드시 신주의 모집에 착수할 때까지 기다릴 필요가 없으며 이사회의 결의 등 신주발행의 의사가 외부에 표시된 경우라면 본소를 제기할 수 있다.[5]

4. 소의 당사자

원고는 신주발행으로 인하여 불이익을 받을 염려가 있는 주주이다. 따라서 단독주주도 원고가 될 수 있다. 소의 상대방은 회사이다.

5. 소의 관할

통상적인 이행의 소이므로 회사의 주된 사무소 또는 영업소가 있는 곳의 관할 법원이다(민소 5조 1항).

6. 청구취지와 청구원인

청구취지는 "피고 회사는, 20XX. X. X. 자 이사회의결에 의하여 ○○주식 ○주의 발행을 하여서는 아니 된다."이다.

청구원인에는 원고의 자격을 기초 짓는 사실, 신주발행에 관하여 주주총회 혹은 이사회의 결의가 행해지려 하거나 행하여진 사실,

---

5) 손주찬/정동윤(Ⅳ) 120쪽.

신주발행이 법령 또는 정관에 위반하거나 현저히 불공정한 방법에 의하고 있다는 사실, 원고가 그 신주발행으로 불이익을 입게 되는 사실이다. 상법이 규정하는 신주발행절차조항을 위반하면 법령에 위반한 신주발행이 된다. 예를 들어 이사회의 결의가 없거나 부족한 의결정족수로 하는 신주발생(416조), 주주에 대한 실권예고부최고를 하지 않은 때(419조 1항), 주주마다 불균등한 조건으로 신주를 발행하는 것(419조 4항), 현물출자검사의 해태(422조) 등이 있다. 정관위반의 예로는 정관에 신주발행을 주주총회의 의결사항으로 규정하여 놓고 이사회의결만으로 발행하는 경우 등 정관에서 정한 각종 절차 조항을 위반하는 모든 경우를 포함한다. 위반을 한 이사들의 고의·과실은 묻지 않는다.

현저하게 불공정한 방법에 의한 신주발행의 예로는 신주청약증거금을 청약자들 간에 차별을 두는 경우, 현물출자를 과대하게 평가하여 신주를 특정 주주에게 몰아주는 경우, 신주의 배정기준일을 청약일로부터 지나치게 멀리 잡아 주주의 투자판단을 어렵게 하는 경우 등[6]이 있다. 경영권을 빼앗기 위한 적대적 매수에 대항하기 위하여 신주 또는 신주예약권을 발행하는 것이 현저하게 불정공한 방법인지에 대해 일본에서 활발한 논의가 있었다. 최고재판소는 특정 주주의 공개매수에 대항하여 당해 주주의 지주비율을 낮추고자 주주총회의 특별결의를 거쳐 신주예약권을 무상 할당한 사건에서, 특정 주주에게 지배권이 넘어가면 회사의 존립, 발전을 전해할 가능성이 있는 등 회사의 기업가치가 훼손되고 회사의 이익 나아가 주주 공동의 이익을 해하는 경우에는 방어를 위해 해당 주주를 차별적으로 취

---

6) 이기수 479쪽, 이철송 723쪽, 정동윤 528쪽.

급할 수 있다고 하면서 신주예약권무상할당은 법령 등을 위반한 위법이 없고 현저히 불공정한 방법에 의한 것도 아니라고 판단했다.[7]

위와 같은 위법 혹은 불공정 요건을 만족하였어도 그것이 특정 주주에게 불이익하게 작용할 때만 유지청구를 할 수 있다. 주주의 불이익이라고 설명되는 예로는 주주의 신주인수권 침해, 주식인수 가액에 차등을 두는 경우, 정관에 정하지 않는 우선주의 발행으로 인한 배당의 감소 등이 있다.[8]

신주발행이 위법하여 직접 불이익을 입는 경우만 대상으로 하고 그것이 회사의 불이익으로 귀속되어 간접적으로 주주가 손해를 입는 경우는 소의 대상이 아니라고 한다.[9] 이런 때는 유지청구의 소(402조), 신주발행무효의 소(429조), 이사에 대한 손해배상청구의 소(399조) 등이 구제수단이 된다.

7. 소송절차상 특징

이행의 소의 일반적인 절차에 따라 진행된다.

8. 판결의 효력과 이후의 처리

원고 승소판결이 확정되면 법문상으로는 신주의 발행자체가 중

---

7) 最高裁判所 平成 19. 8. 7. 判決.

8) 손주찬/정동윤(Ⅳ) 119쪽.

9) 이철송 723쪽, 손주찬/정동윤(Ⅳ) 119쪽, 정찬형 962쪽.

지되어야 하는 것처럼 해석할 여지가 있으나 학설은 본소가 단독 주주권인데도 신주발행 전체를 중단하게 하는 것은 지나친 효과라고 하여 소의 효력을 위법·부당한 내용을 시정하여 신주발행을 속행할 수 있는 것으로 제한한다.[10] 따라서 유지청구의 소에서 승소판결이 선고되면 회사는 판결의 취지에 따라 신주발행의 위법·불공정에 관하여 심사하여야 할 주의의무를 부담한다. 신주발행유지청구는 주주개인의 손해방지를 목적으로 하는 것이기 때문에 청구의 범위 혹은 인용의 범위도 필요한 한도로 제한할 수 있다.

유지청구가 단순한 의사표시가 아니라 판결 혹은 가처분명령에 의해서 이뤄지면, 판결 혹은 가처분 명령의 취지를 따르지 아니한 신주발행은 법원의 공권적 판단을 위반한 것으로 무효라고 한다.[11] 따라서 신주발행무효의 소의 원인이 된다.[12]

신주발행이 무효가 되면 해당 주식은 실권되므로 주주가 납입한 주금은 부당이득이 되어 신주의 주주들에게 주금을 반환하여야 한다. 무효인 주식을 가지고 주주총회에서 의결권을 행사하였다면 이것은 주주총회 결의취소의 사유가 된다.

---

10) 이철송 723쪽, 손주찬/정동윤(Ⅳ) 120쪽, 정찬형 963쪽. 반대의 견해로 이기수 480쪽.

11) 손주찬/정동윤(Ⅳ) 123쪽.

12) 最高裁判所 平成 5. 12. 16. 判決.

Ⅱ. 신주발행무효의 소

1. 소의 의의

회사가 새로운 영업자금을 기업 외부에서 충당하는 방법으로는 크게 금전의 차입, 사채발행, 신주발행을 생각해 볼 수 있는데 그중 신주발행은 금전차입과 달리 직접적인 금전채무를 부담하지 않으면서 회사의 재산을 늘리는 데 효과적인 방법이고, 사채발행과 달리 이자의 지급 및 상환의무를 부담하지 않는 장점이 있다. 이론적으로는 회사 자본조달의 가장 전형적인 형태라고 말할 수 있다. 그러나 대규모 신주발행은 다수 주주의 이해관계에 영향을 미치고 기존주주가 인수를 하지 않으면 새로운 주주의 출현으로 안정적인 회사경영권 확보에 부담이 될 수 있다. 상법은 신주발행의 이러한 특징을 고려하여 법률관계의 획일적, 안정적 처리를 위해서 신주발행에 관한 하사는 신주발행무효의 소만으로 다툴 수 있노록 한성하고 그 절차와 판결의 효력에 관한 여러 가지 장치를 마련하고 있다.

신주발행무효와 구별하여 신주발행의 실체가 전혀 존재하지 않는데도 신주발행의 변경등기가 되어 있는 신주발행부존재라는 개념도 인정한다. 신주발행부존재확인의 소는 통상의 무효확인소송으로 그 절차와 효과가 본소와는 많이 다르다. 또한 신주발행무효는 신주발행 전체의 효력을 부인하는 것으로 개별 주식인수인의 무효·취소와도 다르다.

2. 소의 성질

신주발행무효의 소는 형성의 소이다. 법문에서 신주발행무효의 소는 소로만 주장할 수 있다고 규정하고 있으며(429조), 소의 원고와 제소 기간도 제한하고 있다. 원고 승소판결에 대해서는 대세효를 인정한다.

3. 제소 기간

신주발행무효의 소는 신주를 발행한 날로부터 6개월 내에 제기하여야 한다(429조). 발행한 날이란 신주발행의 효력발생일인 납입기일의 다음 날이다. 판례는 신주발행무효의 소가 신주발행에 수반되는 복잡한 법률관계를 조기에 확정하고자 하는 것이므로, 새로운 무효사유를 출소시간의 경과 후에도 주장할 수 있도록 하면 법률관계가 불안정하게 되어 위 규정의 취지가 몰각된다는 점에 비추어 위 규정은 무효사유의 주장시기도 제한하고 있는 것이라고 해석한다.[13]

일본 판례 중에는 최초 신주발행유지의 소를 제기하였다가 제소 기간 경과 후 신주발행무효의 소로 소변경을 한 사례에서 제소 기간을 준수한 것으로 다룬 것도 있다.[14]

4. 소의 당사자

원고적격은 주주, 이사, 감사가 갖는다. 주주는 원칙적으로 주주 명부에 등재된 자에 한하여 소를 제기할 수 있으나 신주발행무효의 소 계속 중 원고 적격의 근거가 되는 주식이 양도된 경우에 주식 양수인은 소송에 승계 참가할 수 있고 명의개서절차를 거치지 않은 채 신주발행무효소송에 승계 참가한 주식양수인이 사실심 변론종결 이전에 주주명부에 명의개서를 마친 후 소송관계를 표명하고 증거조사의 결과에 대하여 변론을 한 경우, 명의개서 이전에 행하여진 소송절차상의 하자는 치유된다.[15] 또, 신주발행 이후 신주를 양수한 양수인도 본소의 원고가 될 수 있다.

이사, 감사는 소 제기 당시에 그 지위에 있으면 되고 소 계속 중 이사나 감사의 자격을 잃게 되면 새로운 이사, 감사가 소송을 수계한다.

신주발행무효의 소의 피고는 회사이다. 소 계속 중 회사가 합병되면 존속회사가 피고의 지위를 승계한다.

---

13) 대법원 2004. 6. 25. 선고 2000다37326 판결(전환사채발행 무효확인의 소였다).
14) 最高裁判所 平成 5. 12. 16. 判決.
15) 대법원 2003. 2. 26. 선고 2000다42786 판결.

5. 소의 관할

신주발행무효의 소는 피고 회사 본점소재지의 지방법원 전속관할
이다(430조, 186조). 관할 위반의 제소는 직권 이송의 대상이 된다.

6. 청구취지와 청구원인

청구취지는 "피고 회사가 20XX. X. X.에 한 ○주식 ○주의 신
주발행은 무효로 한다."이다. 청구원인에는 원고적격을 기초 짓는
사실, 납입기일에 주금을 납입한 신주가 발행된 사실, 신주발행의
무효원인을 기재하면 된다.

신주발행의 무효원인에 관하여 상법은 구체적인 규정을 두고 있
지 아니하여 이 문제는 해석에 맡겨져 있다. 신주와 관련을 가지는
거래관계자 간의 이익형량, 거래안전의 요청을 기준으로 제시하는
견해,[16] 수권자본제, 자본충실, 신주인수권 관련한 사항만 무효원인
으로 하는 견해,[17] 유지청구의 대상이 되거나 이사의 손해배상책임
의 발생원인에만 그치는 경우엔 유효라는 견해,[18] 주식회사의 본질
에 반하는 위법행위만을 무효사유라고 보는 견해[19] 등이 있다.

무효원인으로 언급되는 구체적인 내용을 살펴보면, 발행예정주식
총수를 초과한 경우, 정관에서 인정하지 아니하는 주식을 발행한

---

16) 손주찬/정동윤(Ⅳ) 148쪽.
17) 이철송 728쪽.
18) 이기수 481쪽.
19) 정찬형 967쪽.

경우, 액면미달발행의 경우, 회사지배에 영향을 미치는 신주발행에
서 기존 주주의 신주인수권을 무시한 경우, 신주인수권자에게 인수
여부를 묻는 통지와 공고를 하지 아니하고 실권시킨 경우, 신주발
행유지의 판결을 무시한 신주발행 등[20]이 있다.

그러나 이사회의 결의 없이 대표이사가 신주를 발행한 경우엔
신주발행을 업무집행에 준한 것으로 보아 효력을 인정하고[21] 현물
출자 시 검사절차를 밟지 않은 것만으로는 자본충실에 해하지 않
는 한 무효원인이 아니라고 한다.[22]

7. 소송절차상 특징

가. 담보제공

신주발행무효의 소를 제기한 때에는 법원은 회사의 청구에 의하
여 상당한 담보를 제공할 것을 명할 수 있다. 그러나 주주가 이사
또는 감사인 때에는 그러하지 아니하다(430조, 377조 1항). 회사가
담보제공명령을 청구한 때에는 이해관계인의 청구가 악의임을 소
명하여야 한다(430조, 377조 2항, 176조 4항).

나. 소 제기의 공고

신주발행무효의 소가 제기되면 회사는 지체 없이 그 사실을 공

---

20) 정동윤 530쪽 이하.

21) 대법원 2007. 2. 22. 선고 2005다77060 · 77077 판결.

22) 대법원 1980. 2. 12. 선고 79다509 판결.

고하여야 한다(430조, 376조 2항, 187조). 소 제기 사실을 이해관계인에게 알려 피해의 확산을 막기 위해서이다.

다. 필수적 변론병합

수개의 신주발행무효의 소가 제기된 때에는 법원은 이를 병합심리하여야 한다(430조, 188조). 병합된 소는 유사필수적 공동소송의 성격을 갖는다.

라. 재량기각

법원은 결의의 내용, 회사의 현황과 제반사정을 고려하여 그 취소가 부적당하다고 인정한 때에는 신주발행무효의 청구를 기각할 수 있다(430조, 189조).

마. 다른 소송과의 관계

신주발행을 위한 이사회 또는 주주총회의 결의에 하자가 있는 때에는 해당 하자는 신주발행무효의 소에서 다투어야 한다. 후속의 소에서 해당 하자를 포괄적으로 다툴 수 있도록 제도가 설계되었기 때문이다. 견해에 따라서는 신주발행의 전제요건이 되는 정관변경에 관한 주주총회결의에 하자가 있는 때에는 양소를 동시에 제기하여야 한다고 해석하는데[23] 모두 신주발행 과정에서 발생한 하자이니만큼 간명하게 신주발행무효의 소로 다툴 수 있게 하는 것

---

23) 이철송 731쪽.

이 타당하다고 생각한다. 이런 경우 먼저 제기하는 결의하자에 관한 소는 소의 이익이 없어 각하된다.[24]

8. 판결의 효력과 이후의 처리

가. 원고 승소판결의 효력

신주발행무효의 소에서 원고승소판결이 확정되면 판결은 제3자에 대하여도 그 효력이 있다(430조, 190조 본문). 신주발행은 다수의 이해관계인이 존재하고 신주발행이 무효라면 이들 법률관계를 획일적으로 처리할 필요가 있기 때문이다.

신주는 장래에 대하여 그 효력을 상실하기 때문에(431조 1항) 판결 확정시까지 이뤄진 신주의 양도, 신주를 인수한 주주의 의결권 행사, 신주에 근거한 이익배당, 신주의 선의취득 등은 모두 유효하다. 무효판결이 확정된 때에는 회사는 지체 없이 그 뜻과 3개월 이상의 일정한 기간 내에 신주의 주권을 회사에 제출할 것을 공고하고 주주명부에 기재된 주주와 질권자에 대하여 각 별로 그 통지를 하여야 한다(431조 2항). 주권을 회수하는 이유는 무효가 된 주식이 거래되어 제3자에게 피해를 줄 수 있기 때문이다. 회사가 이를 게을리하면 제3자에 대하여 손해배상의 책임을 부담을 할 수 있다.

---

24) 最高裁判所 昭和 40. 6. 29. 判決.

나. 원고 패소판결의 효력

원고가 패소하면 민소소송의 일반원칙에 따라 판결의 효력은 소송의 당사자에게만 미친다. 신주발행무효의 소를 제기한 자가 악의 또는 중대한 과실이 있는 때에는 회사에 대하여 연대하여 손해를 배상할 책임이 있다(430조, 191조).

다. 판결 이후의 처리

무효판결은 등기하여야 한다(430조, 192조). 신주발행무효 사실을 모르는 제3자의 피해를 막고, 회사의 자본감소 사실을 공시할 필요가 있기 때문이다(317조 2항, 2호, 3호).

회사는 신주의 주주에 대하여 그 납입한 금액을 반환하여야 하는데 그 성질은 부당이득의 반환이다(432조 1항). 무효판결 전에 신주가 양도되었다면 양수인이 반환 청구할 수 있다. 납입금액이 무효판결 확정시 회사의 재산상태에 비추어 현저하게 부당한 때에는 법원은 회사 또는 납입금반환채권을 가진 주주의 청구에 의하여 그 금액의 감액을 명할 수 있다(432조 2항). 실효된 주식의 질권자는 납입금반환채권에 대하여 질권을 행사할 수 있고(432조 3항, 339조) 신주에 대한 질권설정 사실을 주주명부에 등록한 자는 회사로부터 반환금을 지급받아 다른 채권자에 우선하여 자기채권의 변제에 충당할 수 있다. 만일, 납입금반환채권의 변제기가 질권자의 채권의 변제기보다 먼저 도래한 때에는 질권자는 회사에 대하여 그 변제금액의 공탁을 청구할 수 있고 이 경우에 질권은 그 공탁금에 존재한다(432조 2항, 340조 1항, 2항, 민353조 3항).

Ⅲ. 신주발행부존재확인의 소

1. 소의 의의

신주발행의 등기라는 외관만 존재하고 그 실제가 존재하지 않은 때에는 강학상[1]은 물론 실무상으로도 신주발행부존재확인의 소를 인정한다. 본소는 신주발행무효의 소와 달리 일반적인 무효확인의 소이기 때문에 형성의 소가 갖는 특성 혹은 절차적 제한이 없고[2] 이것이 소송전략상 본소 사용의 실익이라고 할 수 있다.

2. 소의 성질

일반적인 확인의 소이다. 따라서 권리 또는 법률상의 지위에 현존하는 불안·위험이 있고, 그 불안·위험을 제거하는 데 확인판결을 받는 것이 가장 유효·적절한 수단으로 인정되면 소 제기가 가능하다.

3. 제소 기간

신주발행무효의 소와 달리 제소 기간의 제한이 없다. 다만, 경우

---

1) 이철송 734쪽, 정동윤 533쪽, 정찬형 970쪽.
2) 대법원 1989. 7. 25. 선고 87다카2316 판결.

에 따라서는 실효의 법리가 적용될 수도 있다.

4. 소의 당사자

원고적격을 결정하는 데 신주발행무효의 소의 원고인 주주, 이사, 감사에 관한 규정이 유추 적용되지 아니하며 다만 확인의 이익을 갖는 자라면 누구나 원고가 될 수 있다. 피고는 신주를 발행한 회사이다.

5. 소의 관할

신주발행부존재확인의 소는 전속관할에 관한 규정이 적용되지 아니하므로 회사를 피고로 소를 제기하는 때는, 회사의 주된 사무소 또는 영업소의 소재지를 관할하는 법원에 관할이 있다(민소 5조 1항).

6. 청구취지와 청구원인

청구취지는 "피고 회사가 20XX. X. X.에 한 ○주식 ○주의 신주발행은 존재하지 아니함을 확인한다."이다.

청구원인에는 원고적격을 기초 짓는 사실, 신주발행의 외관이 존재하는 사실, 실제로 발행절차 및 주금납입 등이 없었다는 사실을 기재하면 된다. 부존재원인으로는 신주발행의 결의가 전혀 없는 상태에서 신주가 발행된 경우, 결의가 있더라도 주금납입이 전혀 없었던 경우, 주주 아닌 자들이 이사회를 구성하여 신주발행절차를 밟은 경우[3] 등이 있다. 소위 見金 형태의 가장납입을 유효하게 보는 판례의 태도[4]에 의하면 주금납입의 실질을 인정할 수 있으므로 부존재확인의 대상이 되기 어렵다. 그러나 애초에 주금납입이 존재하지 않는 소위 預合 형태의 가장납입은 부존재원인이 된다고 생각한다. 일본 판례 중에는 見金을 무효로 보면서도 주식회사 설립 후 발행한 신주의 일부에 대해서 부존재사유가 있더라도 인수되지 아니한 부분은 이사들이 공동으로 인수담보책임을 부담하기 때문에 신주발행은 전체적으로 유효하고 따라서 부존재원인이 되지 않는다는 것이 있다.[5]

7. 소송절차상 특징

신주발행부존재확인의 소는 일반적인 확인의 소이므로 판결의 기판력도 당사자 간에만 미치고 따라서 변론주의, 처분권주의가 적용된다.

8. 판결의 효력과 이후의 처리

신주발행부존재의 확인을 받으면 회사는 판결의 취지에 따라 변

---

3) 대법원 1989. 7. 25. 선고 87다카2316 판결.
4) 대법원 1983. 5. 24. 선고 82누522 판결.
5) 最高裁判所 平成 9. 1. 28. 判決.

경등기를 경정하여야 한다. 주금을 납부한 사실이 없으므로 부당이
득의 반환 문제는 생기지 아니한다.

Ⅳ. 전환사채발행무효의 소와 관련 소송

1. 소의 의의

사채(bond)란 주식회사가 회사 외부로부터 비교적 장기의 자금을 집단적·대량적으로 조달하기 위하여 채권발행을 통해 부담하는 채무이다. 신주발행은 자기자본을 늘리는 방식이지만, 사채발행은 채무를 부담하는 타인자본의 성격이 있다. 회사가 채무를 부담하지만 경영권의 안정을 유지하거나 주주의 신주인수를 통한 자본조달이 어려울 때는 적절한 수단이 된다.

전환사채(convertible bond; CB)는 주식으로 전환할 수 있는 권리가 인정되는 사채이다. 사채보다 저리로 자본을 조달하고 전환을 통해 현금상환부담을 줄일 수 있는 장점이 있다. 투자자 입장에서 사채의 안정성과 더불어 주식의 투기성을 함께 누리는 장점이 있다. 전환사채는 주식과 사채의 2가지 성격을 겸유하기 때문에 채권자보호와 신주인수권을 가진 주주보호라는 측면이 늘 고려되어야 한다. 상법은 제3자 인수요건을 강화하는 방식(513조 2항 6호, 3항)으로 주주보호요청에 대답하고 있다. 따라서 위와 같은 전환사채의 특징에 따른 전환사채발행절차,[1] 보호요건에 관한 규정을 위반한

---

[1] 대법원 2007. 2. 22. 선고 2005다73020 판결(주식회사가 타인으로부터 돈을 빌리는 소비대차계약을 체결하면서 "채권자는 만기까지 대여금액의 일부 또는 전부를 회사 주식으로 액면가에 따라 언제든지 전환할 수 있는 권한을 갖는다."는 내용의 계약조항을 둔 경우, 달리 특별한 사정이 없는 한 이는 전환의 청구를 한 때에 그 효력이 생기는 형성권으로서의 전환권을 부여하는 조항이라고 보아야 하는바, 신주의 발행과 관련하여 특별법에서 달리 정한 경우를 제외하고 신주의 발행은 상법이 정하는 방법 및 절차에 의하여만 가능하다는 점에 비추어 볼 때, 위와 같은 전환권 부여조항은 상법이 정한 방법과 절차에 의하지 아니한 신주발행 내지는

발행행위에 관해서는 위법 혹은 무효 여부가 크게 다퉈지게 된다.

2. 소의 인정 여부

전환사채발행무효의 소에 관해서는 규정이 없다. 상법은 단지 전환사채발행유지청구의 소(516조 1항, 424조), 불공정한 가액으로 전환사채를 인수한 자에 대한 반환청구의 소를 규정하고 있다(516조 1항, 424조의 2). 그러나 판례는 전환사채의 발행의 효과는 사실상 신주를 발행한 것과 같기 때문에 무효원인이 있으면 신주발행무효의 소에 관한 규정을 유추 적용하여 전환사채발행무효의 소(429조)를 제기할 수 있다고 해석한다.[2] 한편, 전환사채의 전환청구에 의해 이미 신주가 발행되었다고 하더라도 전환사채발행무효의 소가 인정되는 이상 무효사유가 있는 전환사채에 기해 발행된 신주에 대하여는 독립적으로 신주발행무효의 소를 제기할 수 있다.[3]

3. 소의 성질

판례는 전환사채발행무효의 소를 신주발행무효의 소에 준한다고 하여 형성의 소로 이해한다. 따라서 소의 원고와 제소 기간이 제한되고 원고 승소판결은 대세효가 있다. 또 전환사채발행이 이사회의

주식으로의 전환을 예정하는 것이어서 효력이 없다).

2) 대법원 2004. 8. 16. 선고 2003다 9636 판결.

3) 수원지방법원 1997. 12. 16. 선고 97가합7333 판결.

결의 혹은 주주총회의 결의에 의하여 이뤄졌고 거기에 하자가 있더라도 발행의 효력을 다투는 것은 각 결의의 무효의 소가 아니라 전환사채발행무효의 소가 된다.[4]

4. 제소 기간

신주발행무효의 소는 신주를 발행한 날로부터 6개월 내에 제기하여야 하므로(429조) 전환사채발행무효의 소는 전환사채를 발행한 날로부터 6개월 내에 제기하여야 한다. 전환사채발행유지의 소를 제기하였다가 전환사채발행무효의 소로 소변경을 할 때, 제소 기간의 준수 여부는 유지청구의 소를 제기한 때를 기준으로 하여야 한다.[5]

5. 소의 당사자

원고적격은 주주, 이사, 감사가 갖는다. 형성의 소로 보기 때문에 원고적격자에 제한이 있다. 단독주주권의 행사로 소 제기가 가능하므로 주주이면 모두 원고적격자이다. 피고는 전환사채를 발행한 회사이다. 전환사채의 양도에 따른 소송승계 등은 신주발행무효의 소와 같다.

---

4) 대법원 2004. 8. 16. 선고 2003다 9636 판결.

5) 最高裁判所 平成 5. 12. 16. 判決 참고.

6. 소의 관할

전환사채발행무효의 소는 피고 회사 본점 소재지의 지방법원 전
속관할이다(430조, 186조 유추적용). 관할 위반의 제소는 직권 이송
의 대상이 된다.

7. 청구취지와 청구이유

청구취지는 "피고 회사가 20XX. X. X.에 한 별지목록[6] 기재 전
환사채발행은 무효로 한다."이다.

청구원인에는 원고적격을 기초 짓는 사실, 납입기일에 전환사채
의 금액을 납입한 전환사채가 발행된 사실, 전환사채발행의 무효원
인을 기재하면 된다. 전환사채발행의 무효원인에 관하여 상법은 구
체적인 규정을 두고 있지 아니하여 이 문제는 해석에 맡겨져 있다.
무효원인으로는 신주발행무효원인을 고려하여 정관이 정하지 아니
한 전환사채의 발행, 기존 주주의 신주인수권을 침해하는 전환사채
의 발행,[7] 전환사채발행유지의 판결을 무시한 전환사채발행 등을
생각해 볼 수 있다. 판례는 무효원인을 회사의 경영권 분쟁이 현재
계속 중이거나 임박해 있는 등 오직 지배권의 변경을 초래하거나
이를 저지할 목적으로 전환사채를 발행하였음이 객관적으로 명백
한 경우에 한정하지 않고 법령이나 정관의 중대한 위반 또는 현저

---

6) 별지목록에는 전환사채의 특정을 위해서 발행총액, 만기일, 전환가격, 전환 기간, 이자율, 전환
   사채의 종류(무기명식인지 여부 등)를 기재하여야 한다.
7) 서울고등법원 1997. 5. 13. 자 97라36 결정.

한 불공정이 있어 그것이 주식회사의 본질이나 회사법의 기본원칙에 반하거나 기존 주주들의 이익과 회사의 경영권 내지 지배권에 중대한 영향을 미치는 경우로서 전환사채와 관련된 거래의 안전, 주주 기타 이해관계인의 이익 등을 고려하더라도 도저히 묵과할 수 없는 정도라고 평가되는 경우도 전환사채의 발행 또는 그 전환권의 행사에 의한 주식의 발행을 무효로 할 수 있다고 판단했다.[8] 제3자 배정방식으로 전환사채를 발행하는 경우에는 시가와 같이 공정한 전환가격으로 전환사채를 발행하여야 하고 이를 위반하여 전환사채를 발행한 이사는 회사에 대하여 업무상배임죄의 책임을 부담한다.[9] 판례의 취지를 확정하면 불공정한 전환사채의 발행은 무효의 원인이 될 수도 있을 것이다.

8. 소송절차상의 특징

신주발행무효의 소에 적용되는 담보제공조항(430조, 377조 1항, 430조, 377조 2항, 176조 4항), 소 제기의 공고조항(430조, 376조 2항, 187조), 필수적 변론병합조항(430조, 188조), 재량기각조항(430조, 189조) 등이 유추 적용될 수 있다.

---

8) 대법원 2004. 6. 25. 선고 2000다37326 판결(그러나 전환사채발행무효를 구한 이 판결의 이유에서는 상법과 피고 회사 정관이 위와 같이 주주 외의 자에 대한 전환사채의 발행을 허용하면서 피고 회사의 지배주주와 특별한 관계에 있는 자를 그 인수인에서 제외하고 있지 않으므로 전환사채의 발행이 사전 상속이나 증여 또는 회사 경영권 내지 지배권의 이양이라는 목적이나 의도 아래 이루어진 것이라고 의심할 여지가 있다고 하더라도, 그러한 사유만으로 전환사채의 발행을 무효로 볼 수는 없다고 판단했다).

9) 대법원 2009. 5. 29. 선고 2007도4949 판결.

9. 판결의 효력과 이후의 처리

가. 판결의 효력

전환사채발행무효의 소에서 원고승소판결이 확정되면 판결은 제3자에 대하여도 그 효력이 있다(430조, 190조 본문 유추). 전환사채는 장래에 대하여 그 효력을 상실하기 때문에(431조 1항 유추) 판결 확정시까지 이뤄진 전환사채의 양도, 전환사채에 근거한 이자배당, 전환사채의 선의취득 등은 모두 유효하다. 무효판결이 확정된 때에는 회사는 지체 없이 그 뜻과 3개월 이상의 일정한 기간 내에 전환사채의 채권(債券)을 회사에 제출할 것을 공고하고 사채원부에 기재된 전환사채권자와 질권자에 대하여 각 별로 그 통지를 하여야 한다(431조 2항 유추).

원고가 패소하면 민소소송의 일반원칙에 따라 판결의 효력은 소송의 당사자에게만 미친다. 전환사채발행무효의 소를 제기한 자가 악의 또는 중대한 과실이 있는 때에는 회사에 대하여 연대하여 손해를 배상할 책임이 있다(430조, 191조 유추).

나. 판결 이후의 처리

무효판결은 등기하여야 한다(430조, 192조 유추). 회사는 전환사채권자에 대하여 그 납입한 금액을 반환하여야 하는데 그 성질은 부당이득의 반환이다. 무효판결 전에 전환사채가 양도되었다면 양수인이 반환 청구할 수 있다. 사채권액이 무효판결 확정시 회사의 재산상태에 비추어 현저하게 부당한 때에는 법원은 회사 또는 납입금반환채권을 가진 주주의 청구에 의하여 그 금액의 감액을 명할 수 있다(432조 2항 유추). 실효된 사채의 질권자는 사채권액반환채권에 대하여 질권을 행사할 수 있다(432조 3항, 339조 유추).

10. 관련 소송

가. 전환사채발행유지의 소

회사가 법령 또는 정관에 위반하거나 현저하게 불공정한 방법에 의하여 전환사채를 발행함으로써 주주가 불이익을 받을 염려가 있는 경우에는 그 주주는 회사에 대하여 그 발행을 유지할 것을 청구할 수 있다(516조 1항, 424조). 다만, 전환사채발행유지의 소는 전환사채의 효력발생일, 즉 주식으로 전환되기 전까지 제기하여야 한다. 주식으로 전환되면 소의 이익이 없어 각하된다. 반드시 전환사채권자의 모집에 착수할 때까지 기다릴 필요가 없으며 이사회의 결의 등 전환사채발행의 의사가 외부에 표시된 경우라면 본소를 청구할 수 있다. 전환사채발행유지의 소에 대해서는 신주발행유지의 소에 관한 규정이 준용되므로 관련 절차 및 판결의 효력은 신주발행유지의 소를 참조하면 된다.

나. 차액반환의 소

이사와 통모하여 현저하게 불공정한 발행가액으로 전환사채주식을 인수한 자는 회사에 대하여 공정한 발행가액과의 차액에 상당한 금액을 지급할 의무가 있다. 회사가 그 청구에 소극적이면 발행주식 총수의 100분의 1 이상에 해당하는 주식을 가진 주주는 그 차액의 반환을 청구할 수 있다(516조 1항, 424조의 2). 차액반환의 소도 신주발행에 관해 인정되는 차액반환의 소를 준용하고 있으므로 관련 절차와 판결의 효력은 신주발행에 관한 차액반환의 소를 참조하면 된다.

다. 전환사채발행부존재확인의 소

판례는 전환사채발행무효와 더불어 전환사채발행부존재라는 개념도 인정하는 것으로 보인다. 즉 전환사채 발행의 경우에도 신주발행무효의 소에 관한 상법 제429조가 유추 적용되므로 전환사채발행무효 확인의 소에 있어서도 상법 제429조 소정의 6개월의 제소 기간의 제한이 적용된다 할 것이나, 이와 달리 전환사채 발행의 실체가 없음에도 전환사채 발행의 등기가 되어 있는 외관이 존재하는 경우 이를 제거하기 위한 전환사채발행부존재확인의 소에 있어서는 상법 제429조 소정의 6개월의 제소 기간의 제한이 적용되지 아니한다고 판단했다.[10] 일반 확인의 소의 성격을 갖는 전환사채부존재확인의 소의 절차와 판결의 효력은 신주발행부존재확인의 소를 참조하면 된다.

---

10) 대법원 2004. 8. 16. 선고 2003다9636 판결.

Ⅴ. 신주인수권부사채발행무효의 소와 관련 소송

1. 소의 의의

신주인수권부사채(bond with stock purchase warrants; BW)는 사채권자에게 기채회사의 신주인수권을 부여한 사채이다. 전환사채와 달리 사채를 보유하면서 신주인수권을 행사할 수 있다. 따라서 사채권자는 최초 사채를 인수할 때보다 주식의 시가가 높으면 신주인수권을 행사한 후 발행한 주식을 양도함으로써 차액의 이득을 볼 수 있다. 주식을 발행하는 효과가 예정되어 있기 때문에 기존 주주의 신주인수권 보호라는 문제가 중요한 이슈가 된다. 상법은 전환사채와 동일한 방식으로 주주를 보호하려고 한다.

2. 소의 인정 여부

신주인수권부사채발행무효의 소를 인정한 대법원 판례는 아직까지 없지만 전환사채발행무효의 소를 긍정하는 태도에 비추어 보면 그 실질이 거의 유사한 본소도 인정할 수 있다.

3. 소의 성질

소의 구조와 특정에 비추어 볼 때, 전환사채발행무효의 소가 신주발행무효의 소를 유추 적용하면서 그 성질을 형성의 소로 보는 것처럼 이 소도 형성의 소로 해석하여야 한다.

4. 제소 기간

신주발행무효의 소는 신주를 발행한 날로부터 6개월 내에 제기하여야 하므로(429조) 신주인수권부사채발행무효의 소도 사채를 발행한 날로부터 6개월 내에 제기하여야 한다.

5. 소의 당사자

원고적격은 주주, 이사, 감사가 갖는다. 형성의 소로 보기 때문에 원고적격자에 제한이 있다. 단독주주권의 행사로 소 제기가 가능하므로 주주이면 모두 원고적격자이다. 피고는 사채를 발행한 회사이다. 신주인수권부사채의 양도에 따른 소송승계 등은 신주발행무효의 소와 같다.

6. 소의 관할

신주인수권부사채발행무효의 소는 피고 회사 본점 소재지의 지방법원 전속관할이다(430조, 186조 유추적용). 관할 위반의 제소는 직권 이송의 대상이 된다.

7. 청구취지와 청구원인

청구취지는 "피고 회사가 20XX. X. X.에 한 별지목록[1] 기재 신주인수권부사채발행은 무효로 한다."이다.

청구원인에는 원고적격을 기초 짓는 사실, 납입기일에 전환사채의 금액을 납입한 전환사채가 발행된 사실, 전환사채발행의 무효원인을 기재하면 된다. 신주인수권부사채발행의 무효원인에 관하여 상법은 구체적인 규정을 두고 있지 아니하여 이 문제는 해석에 맡겨져 있다. 무효원인으로는 신주발행무효원인을 고려하여 정관이 정하지 아니한 신주인수권부사채의 발행, 기존 주주의 신주인수권을 침해하는 신주인수권부사채의 발행, 신주인수권부사채발행유지의 판결을 무시한 전환사채발행 등을 생각해 볼 수 있다. 신주인수권의 행사가격을 시가보다 현저하게 낮게 정하면서 제3자에게 배정하는 것은 업무상배임죄가 된다는 판례[2]의 취지에 따르면 이러한 사채의 발행도 무효원인이 될 수 있다.

8. 소송절차상 특징

신주발행무효의 소에 적용되는 담보제공조항(430조, 377조 1항, 430조, 377조 2항, 176조 4항), 소 제기의 공고조항(430조, 376조 2

---

1) 별지목록에는 신주인수권부사채의 특정을 위해서 사채발행총액, 사채만기일, 신주인수권의 내용, 신주인수권 행사기간, 사채의 이자율, 신주인수권부사채의 종류(분리형인지 결합형인지 여부 등)를 기재하여야 한다.

2) 대법원 2009. 5. 29. 선고 2008도9436 판결.

항, 187조), 필수적 변론병합조항(430조, 188조), 재량기각조항(430
조, 189조) 등이 유추 적용될 수 있다.

9. 판결의 효력과 이후의 처리

가. 판결의 효력

신주인수권부사채발행무효의 소에서 원고승소판결이 확정되면
판결은 제3자에 대하여도 그 효력이 있다(430조, 190조 본문 유추).
신주인수권부사채는 장래에 대하여 그 효력을 상실하기 때문에(431
조 1항 유추) 판결 확정시까지 이뤄진 신주인수권부사채의 양도,
사채에 근거한 이자배당, 사채의 선의취득 등은 모두 유효하다. 무
효판결이 확정된 때에는 회사는 지체 없이 그 뜻과 3개월 이상의
일정한 기간 내에 신주인수권부사채의 채권(債券)을 회사에 제출할
것을 공고하고 사채원부에 기재된 신주인수권부사채권자와 질권자
에 대하여 각 별로 그 통지를 하여야 한다(431조 2항 유추).

원고가 패소하면 민소소송의 일반원칙에 따라 판결의 효력은 소
송의 당사자에게만 미친다. 신주인수권부사채발행무효의 소를 제기
한 자가 악의 또는 중대한 과실이 있는 때에는 회사에 대하여 연대
하여 손해를 배상할 책임이 있다(430조, 191조 유추).

나. 판결 이후의 처리

무효판결은 등기하여야 한다(430조, 192조 유추). 회사는 신주인

수권부사채권자에 대하여 그 납입한 금액을 반환하여야 하는데 그 성질은 부당이득의 반환이다. 무효판결 전에 신주인수권부사채가 양도되었다면 양수인이 반환 청구할 수 있다. 사채권액이 무효판결 확정시 회사의 재산상태에 비추어 현저하게 부당한 때에는 법원은 회사 또는 납입금반환채권을 가진 주주의 청구에 의하여 그 금액의 감액을 명할 수 있다(432조 2항 유추). 실효된 사채의 질권자는 사채권액반환채권에 대하여 질권을 행사할 수 있다(432조 3항, 339조 유추).

10. 관련 소송

가. 신주인수권부사채발행유지의 소

회사가 법령 또는 정관에 위반하거나 현저하게 불공정한 방법에 의하여 신주인수권부사채를 발행함으로써 주주가 불이익을 받을 염려가 있는 경우에는 그 주주는 회사에 대하여 그 발행을 유지할 것을 청구할 수 있다(516조의 10, 516조 1항, 424조). 다만, 신주인수권부사채발행유지의 소는 신주인수권부사채의 효력발생일, 즉 주식으로 전환되기 전까지 제기하여야 한다. 주식으로 전환되면 소의 이익이 없어 각하된다. 반드시 신주인수권부사채권자의 모집에 착수할 때까지 기다릴 필요가 없으며 이사회의 결의 등 신주인수권부사채발행의 의사가 외부에 표시된 경우라면 본소를 청구할 수 있다. 신주인수권부사채발행유지의 소에 대해서는 신주발행유지의

소에 관한 규정이 준용되므로 관련 절차 및 판결의 효력은 신주발
행유지의 소를 참조하면 된다.

나. 차액반환의 소

이사와 통모하여 현저하게 불공정한 발행가액으로 신주인수권부
사채주식을 인수한 자는 회사에 대하여 공정한 발행가액과의 차액
에 상당한 금액을 지급할 의무가 있다. 회사가 그 청구에 소극적이
면 발행주식 총수의 100분의 1 이상에 해당하는 주식을 가진 주주
는 그 차액의 반환을 청구할 수 있다(516조의 10, 516조 1항, 424
조의 2). 차액반환의 소도 신주발행에 관해 인정되는 차액반환의
소를 준용하고 있으므로 관련 절차와 판결의 효력은 신주발행에
관한 차액반환의 소를 참조하면 된다.

다. 신주인수권부사채발행부존재확인의 소

판례[3]가 전환사채발행무효와 더불어 전환사채발행부존재라는 개
념도 인정하는 것을 고려할 때, 신주인수권부사채 발행의 실체가
없음에도 신주인수권부사채 발행의 등기가 되어 있는 외관이 존재
하는 경우 이를 제거하기 위한 신주인수권부사채발행부존재확인의
소를 제기할 수 있다고 생각한다. 일반 확인의 소의 성격을 갖는
신주인수권부사채부존재확인의 소의 절차와 판결의 효력은 신주발
행부존재확인의 소를 참조하면 된다.

---

3) 대법원 2004. 8. 16. 선고 2003다9636 판결.

Ⅵ. 감자무효의 소

<blockquote>

제445조(감자무효의 소) 자본감소의 무효는 주주·이사·감사·청산인·파산관재인 또는 자본감소를 승인하지 아니한 채권자에 한하여 자본감소로 인한 변경등기가 있는 날로부터 6개월 내에 소만으로 주장할 수 있다.

제446조(준용규정) 제186조 내지 제189조·제190조 본문·제191조·제192조 및 제377조의 규정은 제445조의 소에 관하여 이를 준용한다.

</blockquote>

1. 소의 의의

자본감소란 자본의 금액을 축소시키는 것인데 자본이란 발생주식의 액면총액이므로(451조) 문리적으로만 해석하면 자본감소는 발생주식의 액면가액을 낮추는 것이다. 그런데 실제에 있어서는 액면가액의 감액뿐만 아니라 주식의 병합 또는 주식의 소각에 의해서 자본감소를 한다. 이런 자본감소는 출자금의 반환이라는 효과가 있어서 실질적 자본감소라고 하는데 그 외 회계장부상 조정을 통한 명목상 혹은 계산상의 자본감소가 있다.

실질적인 자본감소는 사업규모에 비하여 자본이 과잉일 때, 신속한 회사청산이 필요한 때, 회사합병을 위하여 소멸회사의 자본을 줄이고자 할 때, 순수하게 주주가 출자금을 회수하려고 할 때 사용하고 있다.

자본감소는 무엇보다 회사의 책임재산을 줄이는 효과가 있기 때문에 대외적으로는 채권자보호가, 주주 간 지분비율에 변화를 주기 때문에 대내적으로는 주주보호가 중요한다. 감자무효의 소는 이러한 보호절차나 방식에 하자가 있을 때 제기하는 소송이다.

2. 소의 성질

형성의 소다. 원고적격, 제소 기간, 관할, 판결의 효력 등에 형성의 소가 갖는 특별한 제한 혹은 특징이 있다.

3. 제소 기간

감자무효의 소는 자본감소로 인한 변경등기가 있는 날로부터 6개월 내에 제기하여야 한다(445조). 거래의 안전을 보호하려는 것이다. 한편, 자본감소의 효력이 발생하면 족하기 때문에 변경등기 전이라도 본소를 제기할 수 있다는 일본 판례를 참조한 학설이 있다.[1]

4. 소의 당사자

자본감소의 무효는 주주, 이사, 감사, 청산인, 파산관재인 또는 자본감소를 승인하지 아니한 채권자에 한해서 제기할 수 있다(445조). 청산인, 파산관재인을 특별히 규정한 까닭은 자본감소가 앞서 언급한 회사해산 등에 사용되기 때문이다. 피고는 회사이다. 자본감소를 위해서 회사는 자본감소의 결의일로부터 2주간 내에, 회사

---

1) 손주찬/정동윤(Ⅳ) 223쪽.

채권자에 대해 자본감소에 이의가 있으면 1개월 이상의 기간 내에 제출할 것을 공고하고, 알고 있는 채권자에게는 각별로 최고하여야 한다(439조 2항, 232조 1항). 이때 이의를 제기한 채권자는 원고가 될 수 있다.

5. 소의 관할

감자무효의 소는 피고 회사 본점소재지의 지방법원 전속관할이다(446조, 186조). 관할 위반의 제소는 직권 이송의 대상이 된다.

6. 청구취지와 청구원인

청구취지는 "피고 회사가 20XX. X. X.에 한 ○주식 ○주의 자본감소는 무효로 한다."이다. 청구원인에는 원고적격을 기초 짓는 사실, 자본감소가 이뤄져 등기가 된 사실, 자본감소의 무효원인을 기재하면 된다.

자본감소의 무효원인에 관하여 상법은 구체적인 규정을 두고 있지 아니하여 이 문제는 해석에 맡겨져 있다. 무효원인으로는 자본감소에 요구되는 주주총회 또는 종류주주총회의 특별결의에 하자가 있을 때(438조 1항), 주주총회의 결의절차 혹은 내용에 하자가 있는 때, 채권자보호절차에 하자가 있는 때(439조 2항, 232조 1항), 자본감소 방법이 주주평등의 원칙에 위반될 때, 이의제출채권자를 위한 조치를 누락한 때(439조 2항, 232조 3항) 등이 있다.

7. 소송절차상 특징

가. 담보제공

감자무효의 소를 제기한 때에는 법원은 회사의 청구에 의하여 상당한 담보를 제공할 것을 명할 수 있다. 그러나 주주가 이사 또는 감사인 때에는 그러하지 아니하다(446조, 377조 1항). 회사가 담보제공명령을 청구한 때에는 이해관계인의 청구가 악의임을 소명하여야 한다(4460조, 377조 2항, 176조 4항).

나. 소 제기의 공고

감자무효의 소가 제기되면 회사는 지체 없이 그 사실을 공고하여야 한다(446조, 187조). 소 제기 사실을 이해관계인에게 알려 피해의 확산을 막기 위해서이다.

다. 필수적 변론병합

수 개의 감자무효의 소가 제기된 때에는 법원은 이를 병합 심리하여야 한다(446조, 188조). 병합된 소는 유사필수적 공동소송의 성격을 갖는다.

라. 재량기각

법원은 결의의 내용, 회사의 현황과 제반사정을 고려하여 그 취소가 부적당하다고 인정한 때에는 감자무효의 청구를 기각할 수 있다(446조, 189조).

마. 다른 소송과의 관계

주주총회의 자본감소 결의에 하자가 있는 때에는 해당 하자는 자본감소무효의 소에서 다투어야 한다. 후속의 소에서 해당 하자를 포괄적으로 다툴 수 있도록 제도가 설계되었기 때문이다. 이런 경우 먼저 제기하는 결의하자에 관한 소는 소의 이익이 없어 각하된다.

8. 판결의 효력과 이후의 처리

가. 원고 승소판결의 효력

감자무효의 소에서 원고승소판결이 확정되면 판결은 제3자에 대하여도 그 효력이 있다(446조, 190조 본문). 자본감소는 다수의 이해관계인이 존재하고 자본감소가 무효라면 이들 법률관계를 획일적으로 처리할 필요가 있기 때문이다.

규정의 체계상으로는 승소판결의 소급효가 제한되지 않는 것처럼 해석할 수 있지만 여기에 대해선 법률관계의 혼란을 가져야 적절하지 않다는 비판이 많다.[2]

나. 원고 패소판결의 효력

원고가 패소하면 민소소송의 일반원칙에 따라 판결의 효력은 소송의 당사자에게만 미친다. 감자무효의 소를 제기한 자가 악의 또는 중대한 과실이 있는 때에는 회사에 대하여 연대하여 손해를 배상할 책임이 있다(446조, 191조).

다. 판결 이후의 처리

무효판결은 등기하여야 한다(446조, 192조). 자본감소무효 사실을 모르는 제3자의 피해를 막고, 회사의 자본변화를 공시할 필요가 있기 때문이다(317조 2항, 2호, 3호).

자본감소가 무효가 되면 자본은 감소 이전의 상태로 회복되기 때문에 액면가 감액이었다면 전의 액면가로 회복된 주식이 되고 소각된 주식은 부활하며 병합된 주식도 병합 전으로 분리된다. 유상소각을 하여 주주에게 주금을 환급한 때에는 소각 이후 제3자에게 주식을 양도하였더라도 감소 당시의 주주로부터 반환받아야 한다.

자본감소와 관련하여 이사의 주의의무 위반에 인정되면 회사 또는 제3자에 대하여 손해배상책임을 부담할 수 있다(399조, 401조).

---

2) 이철송 746쪽, 손주찬/정동윤(Ⅳ) 226쪽, 정동윤 669쪽.

Ⅶ. 위법배당반환의 소

> 제462조(이익의 배당) ① 회사는 대차대조표상의 순자산액으로부터 다음의 금액을 공제한 액을 한도로 하여 이익배당을 할 수 있다.
> 1. 자본의 액
> 2. 그 결산기까지 적립된 자본준비금과 이익준비금의 합계액
> 3. 그 결산기에 적립하여야 할 이익준비금의 액
> ② 전항의 규정에 위반하여 이익을 배당한 때에는 회사채권자는 이를 회사에 반환할 것을 청구할 수 있다.
> ③ 제186조의 규정은 전항의 청구에 관한 소에 준용한다.

1. 소의 의의

영리법인인 주식회사는 영리활동으로 얻은 이익을 주주에게 배당하여야 하는데 이익배당은 배당가능이익이 있어야만 가능하다(462조 1항). 배당가능이익이 없는데도 배당을 하는 것은 회사의 책임재산을 감소시키는 행위이기 때문에 상법은 채권자에게 위법하게 배당된 금액을 회사에게 반환하도록 강제하는 소송을 인정하는데 이것이 위법배당반환의 소이다(462조 2항). 원래는 배당의 직접 당사자인 회사가 배당을 받은 주주를 상대로 소를 제기하여야 하나 배당주체인 회사에게 반환청구를 기대하는 것이 현실적으로 어렵기 때문에 회사재산에 대하여 권리를 갖는 채권자에게 원고적격을 인정한 것이다. 회사재산의 위법한 사외 유출이라는 점은 중간배당의 경우도 마찬가지므로 이때도 채권자에 의한 위법배당반환의 소를 인정한다(462조의 3 6항, 462조 2항, 3항). 그러나 위법

한 주식배당의 경우, 회사재산이 현실적으로 사외 유출되지 않는 것을 고려하여 채권자의 반환청구를 인정하지 않는다.

2. 소의 성질

일반적인 이행의 소이다. 채권자의 반환청구권은 회사의 권리를 대위하는 것이 아니라 채권자의 보호를 위해 상법이 특별히 인정한 권능이라고 이해하기 때문에 채권자대위권(민 404조)의 요건을 충족할 필요가 없다.

3. 제소 기간

제소 기간에 제한은 없지만 부당이득반환청구채권의 일반적인 소멸시효 기간이 적용되는 점은 주의할 필요가 있다.

4. 소의 당사자

원고는 회사의 채권자이다. 위법배당 당시의 채권자뿐만 아니라 그 이후의 채권자도 반환청구가 가능하다고 해석한다.[1] 본소의 공익적 성격에 기초한 해석인데 이에 따라 채권자가 반환을 구할 수 있는 청구액도 해당 채권자의 채권액에 한정되지 아니하고 위법배

---

1) 이철송 797쪽, 정동윤 627쪽, 정찬형 1019쪽.

당액 전액에 대해서 반환을 청구할 수 있다.[2]

피고는 위법하게 배당을 받은 주주이다. 배당을 받은 후 주식을 제3자에게 양도하였더라도 배당의 경제적 이익을 취한 양도인이 피고가 된다. 피고가 선의인가, 악의인가는 묻지 않는다.

5. 소의 관할

소 제기는 회사의 본점 소재를 관할하는 지방법원에 제기하여야 한다(462조 3항). 다수가 소를 제기하였을 때, 절차의 진행과 판결에 통일성을 유지하기 위해서 전속관할을 인정하고 있다.

6. 청구취지와 청구원인

청구취지는 "피고[3]는 A주식회사에게 돈 ○○○ 원 및 위 돈에 대하여 20XX. X. X.부터 이 사건 소장부본 송달일까지는 연 5%의, 그 다음 날부터 다 갚는 날까지는 연 20%의 각 비율에 의한 돈을 지급하라."

청구원인에는 채권자의 원고적격을 기초 짓는 사실, 청구취지 기재 금액의 배당이 이뤄진 사실 및 배당의 무효원인을 기재한다.

배당의 무효원인은 크게 배당가능이익이 없는데 배당을 하는 경우와 배당가능이익 범위 내에서 배당이 이뤄졌더라도 배당결의에

---

2) 이에 대한 비판적 견해로는 이철송 797쪽 각주 1) 참조.
3) 주주가 다수라면 별지목록을 사용하여 주주별 반환액수를 특정한다.

절차적 하자가 있는 경우로 나눌 수 있는데 채권자의 반환청구권
이 인정되는 것은 책임재산의 침해를 가져오는 전자의 것에 국한
된다.[4] 후자의 것은 회사만 반환청구권을 갖는다. 배당가능이 없다
는 것은 배당가능이익을 초과하여 배당한 것과 재고자산과 같은
자산의 과대계상, 허위의 매출계상, 회사채무의 과소계상 등 소위
분식회계를 하는 것을 모두 포함한다.

7. 소송절차상 특징

주식회사가 배당을 하려면 주주총회의 승인을 받아야 하므로(449
조 1항, 447조) 위법배당의 하자는 주주총회결의 하자를 수반하게
된다. 이때 주주총회결의의 무효를 다투는 소송과 본소의 관계에
대한 논의가 있다. 결의무효의 소가 형성 소송하려면 먼저 결의무
효판결이 확정되어야 한다고 해석하는 견해[5]가 있으나 위법배당은
배당가능이익이 없는데도 배당을 했다는 독자적인 위법사유가 있
으므로 단독으로 소 제기가 가능하다고 생각한다.[6]

본소 판결의 효력을 받은 회사가 본소에 참가를 하면 소송의 형
태는 유사필수적 공동소송으로 해석해야 한다.

---

4) 손주찬/정동윤(Ⅳ) 361쪽, 이철송 797쪽.
5) 손주찬/정동윤(Ⅳ) 359쪽, 정찬형 1020쪽.
6) 이철송 797쪽, 정동윤 628쪽.

8. 판결의 효력과 이후의 처리

일반적인 이행의 소의 효력이 있다. 위법배당으로 인정되면 배당안을 작성하고 집행한 이사는 회사, 주주, 채권자 등에 대하여 손해배상책임을 부담하고(399조, 401조), 위법배당안을 승인한 이사들, 감사를 게을리한 감사, 감사위원회 위원들도 손해배상책임을 진다(399, 414조, 415조의 2 7항).

Ⅷ. 회계장부 열람·등사의 소

제466조(주주의 회계장부열람권) ① 발행주식의 총수의 100분의 3 이상에 해당하는 주식을 가진 주주는 이유를 붙인 서면으로 회계의 장부와 서류의 열람 또는 등사를 청구할 수 있다.
② 회사는 제1항의 주주의 청구가 부당함을 증명하지 아니하면 이를 거부하지 못한다.

1. 소의 의의

주식회사는 기본적으로 회사 밖에서 투자를 받아서 운영하는 영리단체이기 때문에 회사에 투자하는 주주와 채권자는 회사의 재정상황 혹은 운영상황에 대하여 지대한 이해관계가 있을 수밖에 없다. 상법을 이러한 주주의 이해관계를 고려하여 소수주주권으로서 회계장부열람·등사청구권(466조 1항), 검사인선임청구권(467조)을 규정하고 있다.

회계장부열람·등사청구는 이사의 위법행위유지청구, 이사의 책임추궁을 위한 대표소송, 이사의 해임청구 등의 권리행사를 위한 전제가 되므로 주주의 입장에서는 이사의 경영행위의 타당성을 판단하기 위해서 되도록 구체적인 정보공개를 회사에 요구하게 되지만 회사의 입장에선 기업비밀의 유지라는 중요한 이익도 고려하여야 하기 때문에 주주의 요구를 제한 없이 받아들이기는 어렵다. 따라서 정보공개의 핵심이 되는 회계장부의 열람·등사는 상충하는 2가지 이익을 합리적으로 저울질하여 상황에 따라 유연한 판단을 할 수밖에 없다. 이에 상법은 발행주식 총수의 100분의 3 이상에

해당하는 주식을 가진 주주는 이유를 붙인 서면으로 회계의 장부
와 서류의 열람 또는 등사를 청구할 수 있고 회사는 주주의 청구가
부당함을 증명하지 아니하면 이를 거부하지 못한다고 규정하고 있
다(466조).

반면, 주식매수선택권에 관한 사항(340조의 3), 집중투표권의 행사
에 관한 사항(382조의 2), 이사회의사록(391조의 3), 회사의 정관과
주주총회의 의사록(396조), 대차대조표 등(448조), 사채권자집회의 의
사록(510조), 합병계약서(522조의 2) 등은 주주의 일반적 이해와 관련
이 있고 회사의 영업비밀에 속한다고 볼 수 없는 내용을 기재한 서류
로 보아 별다른 제한 없이 공시 또는 열람의 대상으로 삼고 있다.

열람·등사의 청구는 466조의 청구권을 피보전권리로 하여 열람
등사가처분을 신청할 수도 있다.[1]

2. 소의 성질

피고 회사의 적극적 작위를 요구하는 일반적인 이행의 소이다.

3. 제소 기간

제소 기간의 제한은 없고 판결이 인용되면서 열람 혹은 등사시
간이 영업시간 내로 제한될 수 있다.

---

1) 대법원 1999. 12. 21. 선고 99다137 판결.

4. 소의 당사자

원고는 발행주식 총수의 100분의 3 이상의 소수주주이다. 피고 회사가 상장법인이면 발행주식 총수의 1만 분의 10(자본금이 1,000억 원 이상인 회사는 1만 분의 5) 이상을 6개월간 계속 보유한 주주가 된다. 주식을 보유한 자란 주식을 소유한 자, 주주권행사에 관한 위임을 받은 자, 2명 이상 주주의 주주권을 공동으로 행사하는 자를 말한다(542조의 6 8항). 발행주식 총수에 대한 소유비율만을 정하고 있기 때문에 의결권이 제한되는 주주라도 요건을 만족하면 열람청구를 할 수 있다. 2명 이상 주주의 주주권을 공동으로 행사하는 자도 포함하기 때문에 개별적으로는 100분의 3 요건을 충족시키지 못한다고 할지라도 다수의 주주를 모아서 위 요건을 충족하면 전원이 공동하여 열람청구를 할 수 있고 그중 1인에게 행사권을 위임하여 열람청구를 할 수 있다고 생각한다.

열람청구 후 회사가 신주발행을 하여 결과적으로 소송계속 중 원고가 100분의 3 요건을 충족하지 못하면 소를 각하하여야 하는가? 같은 소수주주권에 기초하여 검사인선임청구를 한 사건에서 일본 최고재판소는 100분의 3 요건을 소송계속 중 흠결한 때에는 소를 각하하여야 한다고 판단했다.[2] 그러나 위와 같은 해석은 소수주주권을 무력화시킬 수 있는 탈법을 용인하는 것으로서 신주발행이 남용목적에서 발행된 것이라면 100분의 3 요건을 여전히 만족하고 있는 것으로 보아야 한다.

---

2) 最高裁判所 平成 18. 9. 28. 判決.

5. 소의 관할

일반적인 이행의 소이므로 회사를 피고로 소를 제기하는 때는, 회사의 주된 사무소 또는 영업소의 소재지를 관할하는 법원에 관할이 있다(민소 5조 1항).

6. 청구취지와 청구원인

청구취지는 "피고 회사는 원고에게 별지목록 기재 장부 및 서류를 피고의 본점 또는 그 장부 및 서류의 보관장소에서 영업시간 내에 한하여 열람 및 등사를 하게 하라."이다.

청구원인에는 원고적격을 기초 짓는 사실, 회계장부의 열람·등사청구의 이유, 열람·등사청구의 대상이 되는 회계장부 등이 존재한다는 사실, 열람·등사 청구의 대상이 되는 회계장부와 청구원인과의 관련성 등을 기재하면 된다.

단순히 경영감시의 필요성이라는 추상적 사유만으로는 주주의 이익이 회사의 이익보다 더 보호되어야 할 필요성을 인정하기 어렵다.[3] 따라서 주주가 회계의 장부와 서류를 열람 및 등사하려는 이유가 막연히 회사의 경영상태가 궁금하므로 이를 파악하기 위해서라든지, 대표이사가 자의적이고 방만하게 회사를 경영하고 있으므로 회사의 경영상태에 대한 감시의 필요가 있다는 등의 이유만을 제시한 경우에는 열람 및 등사청구가 인정되지 아니한다. 회사

---

3) 이철송 803쪽.

의 신주발행 및 기타 회사재산이 적정타당하게 운용되고 있는지를 알아보려는 정도의 기재도 불충분하다.[4] 그러나 회사가 업무를 집행함에 있어서 부정한 행위를 하였다고 의심할 만한 구체적인 사유가 발생하였다거나, 회사의 업무집행이 법령이나 정관에 위배된 중대한 사실이 발생하였다거나, 나아가 회사의 경영상태를 악화시킬 만한 구체적인 사유가 있는 경우 또는 주주가 회사의 경영상태에 대한 파악 또는 감독·시정의 필요가 있다고 볼 만한 구체적인 사유가 있으면 청구가 인정된다.[5] 일본 판례 중에는 회사가 관련 회사에 다액의 무담보융자를 하여 준 것이 위법·부당하여 적정한 감시감독을 행하기 위해 회계장부의 열람·등사가 필요하며 회사가 다액의 미술품을 취득한 것이 위법·부당하여 해당 미술품의 내용, 수량, 매입경위, 금액, 매입상대방을 조사하기 위해 회계장부의 열람·등사가 필요하다는 이유로 청구된 사안에서 구체성이 있다는 판단을 한 사례가 있다.[6]

열람·등사청구의 대상이 되는 '회계의 장부 및 서류'에는 소수주주가 열람·등사를 구하는 이유와 실질적으로 관련이 있는 회계장부와 그 근거자료가 되는 회계서류를 가리키는 것으로서, 그것이 회계서류인 경우에는 그 작성명의인이 반드시 열람·등사제공의무를 부담하는 회사로 국한되어야 하거나, 원본에 한정되는 것은 아니며, 열람·등사제공의무를 부담하는 회사의 출자 또는 투자로 성립한 자회사의 회계장부라 할지라도 그것이 모자관계에 있는 모회

---

4) 最高裁判所 平成 2. 11. 8. 判決.
5) 서울지방법원 1998. 4. 1. 선고 97가합68790 판결.
6) 最高裁判所 平成 16. 7. 1. 判決.

사에 보관되어 있고, 또한 모회사의 회계상황을 파악하기 위한 근거자료로서 실질적으로 필요한 경우에는 모회사의 회계서류로서 모회사 소수주주의 열람·등사청구의 대상이 될 수 있다.[7] 보존기간이 경과한 서류에 대해서는 청구권이 인정되지 않는다.[8] 열람의 대상이 되는지는 여부가 다투어지는 사안이라면 열람을 청구하는 서류에 의해서만 원고가 주장하는 사항이 확인될 수 있을 때에한정하여 열람을 허용하는 것이 타당하다. 열람을 청구하는 서류가존재하지 않는다고 회사가 주장하면 회사가 법률에 의하여 해당서류를 보존할 의무가 있는지가 주요한 판단기준이 될 것이다. 보존의무가 있는데도 이를 게을리한 것이라면 청구는 마땅히 인용되어야 하고 보존의무위반 및 집행이 되지 않는 것에 따른 불이익은피고 회사 혹은 담당 이사가 부담하여야 한다.

주주의 회계장부 및 서류의 열람, 등사청구권이 인정되는 이상그 열람, 등사청구권은 그 권리행사에 필요한 범위 내에서 허용되어야 하므로 열람 및 등사의 횟수가 1회에 국한되는 등으로 사전에 제한될 성질의 것은 아니다. 따라서 30일간의 열람 및 등사 기간을 허용할 수도 있다.[9]

7. 소송절차와 판결의 효력과 이후의 처리

일반적인 이행의 소에 준하여 처리하기 때문에 소 제기 사실을

---

7) 대법원 2001. 10. 26. 선고 99다58051 판결.
8) 東京地方裁判所 昭和 55. 9. 30. 判決.
9) 대법원 1999. 12. 21. 선고 99다137 판결.

공고할 의무가 없으며 원고승소판결에 대세효가 없으며 판결은 장
래효만 갖는다. 아울러 소송에 패소한 원고도 손해배상책임을 부담
하지 아니한다. 법원은 재량기각을 할 수 없다.

제7장

회사의 변동과 소송

Ⅰ. 회사합병무효의 소

제529조(합병무효의 소) ① 합병무효는 각 회사의 주주·이사·감사·청산인·파산관재인 또는 합병을 승인하지 아니한 채권자에 한하여 소만으로 이를 주장할 수 있다.
② 제1항의 소는 제528조의 등기가 있은 날로부터 6개월 내에 제기하여야 한다.

1. 소의 의의

합병이란 상법의 절차에 따라 2개 이상의 회사가 그중 1개의 회사를 제외하고 소멸하거나 전부 소멸하되 청산절차를 거치지 않고 소멸하는 회사의 권리·의무를 존속회사 또는 신설된 회사가 포괄적으로 승계하고 사원을 수용하는 것이다.[10] 정의에서 볼 수 있는 것처럼 합병에는 흡수합병과 신설합병 2가지가 있다. 합병무효의 소는 합병절차의 흠결을 이유로 제기할 수도 있지만 합병 후의 존속회사의 증자 또는 신설회사의 존재자체를 다투는 것도 있을 수 있다.[11] 따라서 신설합병의 무효판결이 확정되면 소멸회사의 회복과 신설회사의 해산이라는 효과가, 흡수합병의 무효판결이 확정되

---

10) 이철송 95쪽.
11) 商事硏究会 Ⅱ 703頁.

면 소멸회사의 회복과 존속회사가 발행한 주식이 무효라는 효과가
생긴다.

2. 소의 성질

본소는 형성의 소이다. 제529조 제1항은 원고적격자를 한정하고,
소만으로 합병의 무효를 다툴 수 있도록 제한하고 있다. 제2항은
제소 기간을 제한한다. 제530조 제2항은 제240조를 준용하고, 제
240조는 제186조부터 191조를 준용하기 때문에 소송의 절차 및 판
결의 효력에 있어 형성의 소가 갖는 특징을 대부분 수용하고 있다.

3. 제소 기간

본소는 합병등기가 있는 날로부터 6개월 내에 제기하여야 한다.
역으로 합병등기가 되지 않은 상태에서 제기한 소는 원칙적으로
각하되어야 하지만 제소 기간 심사 단계에서 이미 합병등기가 되
었고 6개월이 경과하지 아니하였다면 제소 기간에 관한 하자는 치
유되었다고 보아야 한다. 합병으로 신설 혹은 존속하게 된 회사의
목적이 공서양속에 반한 경우 6개월이 경과한 후에도 소를 제기할
수 있을지 의문이 들 수 있는데 이런 때에는 해산명령을 신청하여
야 한다.

4. 소의 당사자

　원고는 주주, 이사, 감사, 청산인, 파산관재인 또는 합병을 승인하지 아니한 채권자에 한정된다. 법문이 '각 회사'라고 표현하고 있으므로 흡수합병을 한 때에는 흡수합병계약의 당사자인 회사 및 합병 후 존속하는 회사의 각 주주 등이 원고가 되고, 신설합병을 한 때에는 신설합병계약의 당사자인 회사 및 합병 후 신설된 회사의 각 주주 등이 원고가 된다. 따라서 신설회사 혹은 존속회사의 주주의 지위에 있다는 것을 전제로 소를 제기한 후 주식의 양도 등으로 주주의 지위를 잃는다고 하여도 원고가 합병 전 회사의 주주였다면 그 주주의 지위에 근거해서 소를 유지할 수 있다고 생각한다. 단독주주권으로 행사할 수 있고 반드시 합병에 반대한 주주에 한정되지도 아니한다.

　채권자는 합병을 승인하지 아니한 자로 한정된다. 회사는 주주총회의 합병승인결의가 있은 날로부터 2주 내에 채권자에 대하여 합병에 이의가 있으면 1개월 이상의 기간 내에 이를 제출할 것을 공고하고 알고 있는 채권자에 대하여는 따로따로 이를 최고하여야 한다(527조의 5 1항). 이때 이의를 제기한 자만이 합병을 승인하지 아니한 자로 해석하여야 할 것이다. 이때 이의를 제기하지 아니한 채권자에 대해서는 합병을 승인한 것으로 간주하기 때문이다(527조의 5 3항, 232조 2항). 공정거래위원회는 독점규제 및 공정거래에 관한 법률 제7조 제1항(기업결합의 제한), 제8조의 3(채무보증제한 기업집단의 지주회사 설립제한), 제12조 제7항(기업결합의 신고)의 규정에 위반한 회사의 합병 또는 설립이 있는 때에는 당해 회사의 합병 또는 설립무효의 소를 제기할 수 있다(독점규제 및 공정거래에 관한 법률 제16조 2항).

피고는 존속회사 또는 신설회사이다. 소멸한 회사를 상대로 제기한 소송은 자체로 실익이 없고 승소를 하여도 판결의 집행에 큰 문제가 있을 수 있다.

5. 소의 관할

합병무효의 소는 피고 회사 본점 소재지의 지방법원 전속관할이다(530조 2항, 240조, 186조). 관할 위반의 제소는 직권 이송의 대상이 된다.

6. 청구취지와 청구원인

흡수합병 무효의 청구취지는 "피고 회사와 소멸회사 간에 행하여야 진 20XX. X. X. 자 합병은 무효로 한다."이고, 신설합병 무효의 청구취지는 "소멸회사 A와 소멸회사 B 간에 피고 회사를 신설회사로 하는 20XX. X. X. 자 합병은 무효로 한다."이다.

청구원인에는 원고적격을 기초 짓는 사실, 합병등기가 있은 날로부터 6개월 내에 제소된 사실, 합병내용의 특정, 합병무효의 원인을 기재하면 된다. 합병무효의 원인으로는 합병을 제한하는 법규정에 위반한 때, 합병계약서가 법정요건을 갖추지 못한 때, 합병결의

에 하자가 있는 때, 채권자보호절차를 위반한 때, 합병비율이 불공정한 때 등이 거론된다.[12]

유한회사가 주식회사와 합병하는 경우에 합병 후 존속하는 회사 또는 합병으로 인하여 설립되는 회사가 주식회사인 때에는 법원의 인가를 얻지 아니하면 합병의 효력이 없고(제600조 1항), 합병을 하는 회사의 일방이 사채의 상환을 완료하지 아니한 주식회사인 때에는 합병 존속하는 회사 또는 합병으로 인하여 설립되는 회사는 유한회사로 하지 못한다(제600조 2항). 따라서 위와 같은 때에는 법원의 허가 또는 사채의 상환이 없으면 합병무효가 될 수 있다.

흡수합병의 계약서(제523조)와 신설합병의 계약서(제524조)에는 반드시 적어야 하는 기재사항이 있는데 이것을 누락한 때에도 합병무효의 원인이 될 수 있다.

회사가 합병을 할 때에는 합병계약서를 작성하여 주주총회의 승인을 얻어야 한다(제522조 1항). 주주총회의 승인결의는 출석주식수의 3분의 2 이상의 다수 그리고 발행주식 총수의 3분의 1 이상의 동의가 필요하다(제522조 3항, 제434조). 또한, 합병으로 인하여 어느 종류의 주주에게 손해를 미치게 될 경우 별도로 종류주주총회의 결의가 필요하며 이 결의도 출석한 주주의 결의권의 3분의 2 이상의 수와 그 종류의 발행주식 총수의 3분의 1 이상의 수로써 하여야 한다(제436조, 제435조 2항). 이상의 총회 결의에 하자가 있는 것도 합병무효의 원인이 된다. 한편, 위 총회결의의 하자를 다투는 소송과 합병무효의 소는 어떤 관계가 있을까? 합병무효의 소는 합병등기가 있은 후에 제기할 수 있는 것이므로 만일 등기 이전

---

12) 이기수 611쪽, 손주찬/정동윤(Ⅴ) 211쪽, 이철송 105쪽, 정동윤 834쪽, 정찬형 469쪽.

이라면 독자적으로 주주총회결의 하자를 다투는 소송을 제기할 수 있다고 생각하지만, 등기 이후에는 주주총회의 결의는 합병과정의 하나로서 자리매김하기 때문에 합병무효의 소만 제기할 수 있다.[13] 따라서 합병의 효력이 발생한 이후 제기하는 총회결의의 하자를 다투는 소송은 소의 이익이 없어 각하된다.

합병을 하게 되면 채권자의 입장에서 책임재산의 변동이 오기 때문에 합병절차에서 채권자보호절차는 매우 중요한 요소이다. 따라서 주주총회의 승인결의 이후 채권자에 대해서 이의제기권을 보장하지 않았다면 합병무효의 원인이 될 수 있다(제527조의 5).

합병비율의 불공정에 관하여 판례도 합병비율을 정하는 것은 합병계약의 가장 중요한 내용이고, 그 합병비율은 합병할 각 회사의 재산 상태와 그에 따른 주식의 실제적 가치에 비추어 공정하게 정함이 원칙이며, 만일 그 비율이 합병할 각 회사의 일방에게 불리하게 정해진 경우에는 그 회사의 주주가 합병 전 회사의 재산에 대하여 가지고 있던 지분비율을 합병 후에 유지할 수 없게 됨으로써 실질적으로 주식의 일부를 상실케 되는 결과를 초래하므로, 현저하게 불공정한 합병비율을 정한 합병계약은 사법관계를 지배하는 신의성실의 원칙이나 공평의 원칙 등에 비추어 무효이므로 합병무효의 원인이라고 본다.[14]

---

13) 東京地方裁判所 昭和 30. 2. 28. 判決.
14) 대법원 2008. 1. 10. 선고 2007다64136 판결.

7. 소송절차상 특징

가. 담보제공

합병무효의 소를 제기한 때에는 법원은 회사의 청구에 의하여 상당한 담보를 제공할 것을 명할 수 있다. 그러나 주주가 이사 또는 감사인 때에는 그러하지 아니하다(530조 2항, 237조, 176조 3항). 회사가 담보제공명령을 청구한 때에는 이해관계인의 청구가 악의임을 소명하여야 한다(530조 2항, 237조, 176조 4항).

나. 소 제기의 공고

합병무효의 소가 제기되면 회사는 지체 없이 그 사실을 공고하여야 한다(530조 2항, 240조, 187조). 소 제기 사실을 이해관계인에게 알려 피해의 확산을 막기 위해서이다.

다. 필수적 변론병합

수 개의 합병무효의 소가 제기된 때에는 법원은 이를 병합 심리하여야 한다(530조 2항, 240조, 188조). 병합된 소는 유사필수적 공동소송의 성격을 갖는다.

라. 재량기각

합병무효의 소가 그 심리 중에 원인이 된 하자가 보완되고 회사

의 현황과 제반사정을 고려하여 합병을 무효로 하는 것이 부적당
하다고 인정한 때에는 합병무효의 청구를 기각할 수 있다(530조 2
항, 240조, 189조).

8. 판결의 효력과 이후의 처리

가. 원고 승소판결의 효력

합병무효의 소에서 원고승소판결이 확정되면 판결은 제3자에 대
하여도 그 효력이 있다(530조 2항, 240조, 190조 본문). 합병무효는
다수의 이해관계인이 존재하고 합병이 무효라면 이들 법률관계를
획일적으로 처리할 필요가 있기 때문이다. 합병무효의 판결은 회사
설립무효의 소와 같이 소급효가 제한된다(530조 2항, 240조 190조
단서). 따라서 무효판결 전에 이뤄진 각종 거래는 모두 효력이 인
정된다.

나. 원고 패소판결의 효력

원고가 패소하면 민소소송의 일반원칙에 따라 판결의 효력은 소
송의 당사자에게만 미친다. 합병무효의 소를 제기한 자가 악의 또
는 중대한 과실이 있는 때에는 회사에 대하여 연대하여 손해를 배
상할 책임이 있다(530조 2항, 240조, 191조).

다. 판결 이후의 처리

무효판결은 등기하여야 한다(530조 2항, 238조). 존속회사는 변경등기, 소멸회사는 회복등기, 신설회사는 해산등기를 하여야 한다. 합병무효판결에 의해 해산했던 소멸회사는 장래를 향하여 부활하게 되는데 소멸회사가 합병 당시 가지고 있던 재산은 부활한 소멸회사에 귀속된다. 존속회사 및 신설회사가 합병 후 부담한 채무는 합병 당시 회사의 연대채무가 되고 존속회사 및 신설회사가 합병 후 취득한 재산은 합병 당시 회사의 공유가 된다. 연대채무의 내부적 부담부분 및 취득한 재산의 공유지분 비율에 관해서 협의가 이뤄지지 아니할 때에는 재판을 통해 정할 수밖에 없다. 또한 존속회사와 신설회사가 합병할 때 발행했던 주식이나 이전한 자기주식은 무효가 된다.

소멸회사의 부활에 따라 소멸회사의 이사, 감사 등의 지위도 자동적으로 부활하는가? 이에 대해서는 부활하나 소멸회사의 주주총회에서 다시 이들을 선임할 때까지는 기관의 지위가 부활하지 않고 그 사이에는 존속회사 혹은 신설회사의 기관이 부활한 소멸회사의 기관으로서의 권리의무가 있다는 해석이 있다.[15]

---

15) 商事硏究会 Ⅱ 73 7 頁(일본회사법 제346조 1항 참조).

Ⅱ. 회사분할무효의 소

제530조의 11(준용규정) ① 제529조의 규정은 분할 또는 분할합병의 경우에 이를 준용한다.
제529조(합병무효의 소) ① 합병무효는 각 회사의 주주·이사·감사·청산인·파산관재인 또는 합병을 승인하지 아니한 채권자에 한하여 소만으로 이를 주장할 수 있다.
② 제1항의 소는 제528조의 등기가 있은 날로부터 6개월 내에 제기하여야 한다.

1. 소의 의의

회사분할이란 분할회사의 적극·소극재산의 전부 또는 일부가 분리되어 적어도 하나 이상의 신설회사 또는 존속회사에 부분적으로 포괄 승계되고, 그 대가로 신설회사 또는 존속회사의 주식 내지 사원권이 원칙적으로 분할회사의 출자자인 사원들에게 부여되는 회사법상의 제도를 말한다.[1] 회사분할은 크게 단순분할과 신설합병, 그리고 양자를 병행하는 신설 및 분할합병으로 나눌 수 있다. 상법 제530조의 2 제1항은 회사는 분할에 의하여 1개 또는 수 개의 회사를 설립할 수 있다는 단순분할을 규정하고, 제530조의 2 제2항은 회사는 분할에 의하여 1개 또는 수 개의 존립 중의 회사와 합병할 수 있다고 규정하여 분할합병을 규정한다. 또, 제530조의 2 제3항은 회사는 분할에 의하여 1개 또는 수 개의 회사를 설립함과 동시에 분할 합병할 수 있다고 규정하여 신설 및 분할합병을 규정하고 있다.[2]

---

1) 손주찬/정동윤 218쪽～219쪽.

회사분할은 경영의 전문화·효율화, 위험사업의 분리, 적대적 인수합병의 방어, 도산기업의 회생수단 등으로 사용된다.

회사분할은 회사의 재산관계에 변동을 가져오기 때문에 이해관계인의 보호가 필수적이다. 따라서 회사법은 분할절차(530조의 3부터 530조의 8), 채권자보호절차(530조의 9, 530조의 11 2항), 주주의 주식매수청구권(530조의 11 2항, 522조의 2) 등에 관한 규정을 두고 있고 분할무효의 소는 바로 이런 절차의 흠결을 다투는 분쟁해결방법이다.

2. 소의 성질

본소는 형성의 소이다. 제530조의 11 제1항이 형성의 소인 합병무효의 소에 관한 규정인 제529조를 준용하기 때문이다. 따라서 원고적격자를 한정하고, 소만으로 합병의 무효를 다툴 수 있도록 제한하며 제소 기간도 제한한다. 또, 제240조도 준용하는데 제240조는 제186조부터 191조를 준용하기 때문에 소송의 절차 및 판결의 효력에 있어 형성의 소가 갖는 특징을 대부분 수용하고 있다.

3. 제소 기간

본소는 분할등기가 있는 날로부터 6개월 내에 제기하여야 한다

---

2) 그 외에 530조의 12는 분할되는 회사가 분할 또는 분할합병으로 인하여 설립되는 회사의 주식의 총수를 취득하는 물적 분할도 회사분할의 하나로 취급하고 있다.

(530조의 11, 529조). 역으로 분할등기가 되지 않은 상태에서 제기한 소는 원칙적으로 각하되어야 하지만 제소 기간 심사 단계에서 이미 분할등기가 되었고 6개월이 경과하지 아니하였다면 제소 기간에 관한 하자는 치유되었다고 보아야 한다.

4. 소의 당사자

원고는 주주, 이사, 감사, 청산인, 파산관재인 또는 합병을 승인하지 아니한 채권자에 한정된다(530조의 11 1항, 529조 1항). 단순분할을 한 때라면, 분할에 의하여 존속하는 분할회사 또는 신설회사의 주주 등이 원고가 된다. 분할합병을 한 때라면, 분할합병의 상대방회사의 주주 등이 원고가 된다.

채권자는 분할을 승인하지 아니한 자로 한정된다. 회사는 주주총회의 분할승인결의가 있은 날로부터 2주 내에 채권자에 대하여 분할에 이의가 있으면 1개월 이상의 기간 내에 이를 제출할 것을 공고하고 알고 있는 채권자에 대하여는 따로따로 이를 최고하여야 한다(530조의 11 2항, 527조의 5 1항). 이때 이의를 제기한 자만이 분할을 승인하지 아니한 자로 해석하여야 할 것이다. 왜냐하면 이때 이의를 제기하지 아니한 채권자에 대해서는 분할을 승인한 것으로 간주하기 때문이다(530조의 11 2항, 527조의 5 3항, 232조 2항).

피고는 존속회사 또는 신설회사이다. 분할에 의하여 수 개의 회사가 존속 또는 신설된 때라면 모두를 피고로 삼아야 하며 이때 소송은 유사필수적 공동소송이 된다. 이사가 소를 제기한 때에는 감사가 회사를 대표한다(394조 1항).

5. 소의 관할

분할무효의 소는 피고 회사 본점 소재지의 지방법원 전속관할이다(530조의 11 1항, 240조, 186조). 관할 위반의 제소는 직권 이송의 대상이 된다.

6. 청구취지와 청구원인

분할무효의 소의 청구취지는 "피고 주식회사 A가 20XX. X. X. 피고 주식회사 B, 피고 주식회사 C로 회사 분할된 것을 무효로 한다."이다.[3]

청구원인에는 원고적격을 기초 짓는 사실, 분할등기가 있은 날로부터 6개월 내에 제소된 사실, 분할내용의 특정, 분할무효의 원인을 기재하면 된다. 분할무효의 원인으로는 분할을 제한하는 법규정에 위반한 때, 분할계약서가 법정요건을 갖추지 못한 때, 분할결의에 하자가 있는 때, 채권자보호절차를 위반한 때 등이 거론된다.

구체적으로 설명하면 분할이 가능한 회사의 형태는 주식회사로 한정되기 때문에 합명회사, 합자회사, 유한회사 등은 분할을 하여도 효력이 없다. 분할계획서, 분할합병계획서(530조의 5, 530조의

---

3) 서울중앙지방법원 2004. 8. 19. 선고 2001가합548,33579,37496,38475,38567,38574,39195 판결 참조.

6)에는 반드시 적어야 하는 기재사항이 있는데 이것을 누락한 때에도 분할무효의 원인이 될 수 있다.

회사가 분할할 때에는 분할계약서를 작성하여 주주총회의 승인을 얻어야 한다(530조의 3 1항). 주주총회의 승인결의는 출석주식수의 3분의 2 이상의 다수 그리고 발행주식 총수의 3분의 1 이상의 동의가 필요하다(530조 2항, 434조). 또한, 합병으로 인하여 어느 종류의 주주에게 손해를 미치게 될 경우 별도로 종류주주총회의 결의가 필요하며 이 결의도 출석한 주주의 결의권의 3분의 2 이상의 수와 그 종류의 발행주식 총수의 3분의 1 이상의 수로써 하여야 한다(530조의 3 5항, 435조 2항). 이상의 총회 결의에 하자가 있는 것도 분할무효의 원인이 된다.

한편, 위 총회결의의 하자를 다투는 소송과 분할무효의 소는 어떤 관계가 있을까? 분할무효의 소는 분할등기가 있은 후에 제기할 수 있는 것이므로 만일 등기 이전이라면 독자적으로 주주총회결의 하자를 다투는 소송을 제기할 수 있다고 생각하지만, 등기 이후에는 주주총회의 결의는 분할과정의 하나로서 자리매김하기 때문에 분할무효의 소만 제기할 수 있다.[4] 따라서 분할의 효력이 발생한 이후 제기하는 총회결의의 하자를 다투는 소송은 소의 이익이 없어 각하된다.

분할을 하게 되면 채권자의 입장에서 책임재산의 변동이 오기 때문에 분할절차에서 채권자보호절차는 매우 중요한 요소이다. 따라서 주주총회의 승인결의 이후 채권자에 대해서 이의제기권을 보장하지 않았다면 분할무효의 원인이 될 수 있다(530조의 11 2항,

---

4) 商事硏究会 Ⅱ 776頁.

527조의 5).

7. 소송절차상 특징

가. 담보제공

분할무효의 소를 제기한 때에는 법원은 회사의 청구에 의하여 상당한 담보를 제공할 것을 명할 수 있다. 그러나 주주가 이사 또는 감사인 때에는 그러하지 아니하다(530조의 11 1항, 237조, 176조 3항). 회사가 담보제공명령을 청구한 때에는 이해관계인의 청구가 악의임을 소명하여야 한다(530조의 11 1항, 237조, 176조 4항).

나. 소 제기의 공고

분할무효의 소가 제기되면 회사는 지체 없이 그 사실을 공고하여야 한다(530조의 11 1항, 240조, 187조). 소 제기 사실을 이해관계인에게 알려 피해의 확산을 막기 위해서이다.

다. 필수적 변론병합

수 개의 분할무효의 소가 제기된 때에는 법원은 이를 병합 심리하여야 한다(530조의 11 1항, 240조, 188조). 병합된 소는 유사필수적 공동소송의 성격을 갖는다.

라. 재량기각

　분할무효의 소가 그 심리 중에 원인이 된 하자가 보완되고 회사의 현황과 제반사정을 고려하여 분할을 무효로 하는 것이 부적당하다고 인정한 때에는 분할무효의 청구를 기각할 수 있다(530조의 11 1항, 240조, 189조).

8. 판결의 효력과 이후의 처리

가. 원고 승소판결의 효력

　분할무효의 소에서 원고승소판결이 확정되면 판결은 제3자에 대하여도 그 효력이 있다(530조의 11 1항, 240조, 190조 본문). 분할무효는 다수의 이해관계인이 존재하고 분할이 무효라면 이들 법률관계를 획일적으로 처리할 필요가 있기 때문이다. 분할무효의 판결은 회사설립무효의 소와 같이 소급효가 제한된다(530조의 11 1항, 240조 190조 단서). 따라서 무효판결 전에 이뤄진 각종 거래는 모두 효력이 인정된다.

나. 원고 패소판결의 효력

　원고가 패소하면 민소소송의 일반원칙에 따라 판결의 효력은 소송의 당사자에게만 미친다. 분할무효의 소를 제기한 자가 악의 또는 중대한 과실이 있는 때에는 회사에 대하여 연대하여 손해를 배상할 책임이 있다(530조의 11 1항, 240조, 191조).

다. 판결 이후의 처리

무효판결은 등기하여야 한다(530조의 11 1항, 238조). 단순분할이 무효가 되면 신설회사의 설립이 무효가 되고 분할회사가 소멸하였다면 부활한다. 분할로 이전되었던 재산과 신설회사의 채무도 존속회사 혹은 부활회사에 복귀한다. 분할합병이 무효가 되면 신설회사가 승계한 재산과 채무는 분할 전 상태로 복귀한다. 따라서 분할 후 신설회사가 취득한 재산은 분할회사 및 분할의 상대방회사와 공유하고 (530조의 11 1항, 239조 2항) 분할 후 부담한 채무는 분할회사와 분할의 상대방회사의 연대채무가 된다(530조의 11 1항, 239조 1항). 각 회사의 공유지분 혹은 채무의 부담관계에 대해서 다툼이 있으면 법원이 제반사정을 참작하여 정한다(530조의 11 1항, 239조 3항).

Ⅲ. 주식교환무효의 소

제360조의 14(주식교환무효의 소) ① 주식교환의 무효는 각 회사의 주주ㆍ이사ㆍ감사ㆍ감사위원회의 위원 또는 청산인에 한하여 주식교환의 날부터 6개월 내에 소만으로 이를 주장할 수 있다.
② 제1항의 소는 완전모회사가 되는 회사의 본점 소재지의 지방법원의 관할에 전속한다.
③ 주식교환을 무효로 하는 판결이 확정된 때에는 완전모회사가 된 회사는 주식교환을 위하여 발행한 신주 또는 제360조의 6의 규정에 의하여 이전한 주식의 주주에 대하여 그가 소유하였던 완전자회사가 된 회사의 주식을 이전하여야 한다.
④ 제187조 내지 제189조, 제190조 본문, 제191조, 제192조, 제377조 및 제431조의 규정은 제1항의 소에, 제339조 및 제340조 제3항의 규정은 제3항의 경우에 각각 이를 준용한다.

1. 소의 의의

주식의 포괄적 교환이란 2개의 회사가 주식의 교환계약을 체결하고 이에 따라 한 회사(완전자회사)의 주식 전부를 다른 회사(완전모회사)에게 이전하고 주식을 이전한 회사(완전자회사)의 주주들은 주식을 이전받은 회사로(완전모회사)부터 주식을 교부받아 이전받은 회사(완전모회사)의 주주가 되는 조직법적 법률행위이다. 주식의 포괄적 교환은 주식의 포괄적 이전과 함께 지주회사를 만드는 데 사용하며 합병보다 간편한 방법으로 기업결합의 효과를 볼 수 있다.

주식의 포괄적 교환은 특히 주주의 이해관계에 큰 영향을 미치기 때문에 상법은 주식교환계약서를 작성하여 주주총회의 승인을 얻도록 하고(360조의 3), 주식교환계약서와 교환계약 관련 서류를 공시하며(360조의 4) 나아가 반대주주의 주식매수청구권(360조의 5) 등에 관한 규정을 두고 있다. 주식교환무효의 소는 주식의 포괄

적 교환에 의하여 형성된 완전 모자회사 관계를 해소하는 효과가
있는 형성의 소이다.

2. 소의 성질

본소는 형성의 소이다. 제360조의 14 제1항과 제2항은 본소의
원고적격자를 한정하고 소만으로 합병의 무효를 다툴 수 있도록
제한하며 제소 기간과 관할도 제한한다. 또, 같은 조 제4항은 형성
의 소에 관해 일반적인 조문을 준용하여 소송의 절차 및 판결의 효
력에 있어 형성의 소가 갖는 특징을 수용하고 있다.

3. 제소 기간

본소는 주식교환의 날부터 6개월 내에 제기하여야 한다(360조의
14 1항). 역으로 주식교환의 날이 이르지 않은 상태에서 제기한 소
는 원칙적으로 각하되어야 하지만 제소 기간 심사 단계에서 이미
주식교환의 효력이 발생하고 6개월이 경과하지 아니하였다면 제소
기간에 관한 하자는 치유되었다고 보아야 한다.

4. 소의 당사자

원고는 주주, 이사, 감사, 감사위원회의 위원, 청산인에 한정된다

(360조의 14 1항). 상법은 각 회사의 주주 등으로 표현하고 있으므로 완전모회사 및 완전자회사의 주주 등은 모두 원고적격이 있다. 채권자는 원고적격자로 규정하지 아니하였다.

피고는 완전모회사 및 완전자회사 모두이다.[1] 이사가 소를 제기한 때에는 감사가 회사를 대표한다(394조 1항).

5. 소의 관할

주식이전무효의 소는 완전모회사가 되는 회사 본점 소재지의 지방법원 전속관할이다(360조의 14 2항). 관할 위반의 제소는 직권이송의 대상이 된다.

6. 청구취지와 청구원인

주식교환무효의 소의 청구취지는 "피고 A주식회사와 피고 B주식회사 간에 피고 A주식회사를 완전모회사로 하고 피고 B주식회사를 완전자회사로 하는 20XX. X. X 자 주식교환은 무효로 한다."이다.

청구원인에는 원고적격을 기초 짓는 사실, 주식교환의 날로부터 6개월 내에 제소된 사실, 교환계약 내용의 특정, 교환계약의 무효원인을 기재하면 된다. 교환계약무효의 원인으로는 교환을 제한하는 법규정에 위반한 때, 교환계약서가 법정요건을 갖추지 못한 때,

---

1) 완전모회사만 피고가 된다는 견해로 이철송 924쪽 참조. 그러나 판결의 효력은 모회사와 자회사가 당사자가 되는 교환계약 전체를 무효로 하는 것으로 판결을 효력을 2개 회사 모두에 미치게 할 필요가 있다는 점을 고려하면 2개 회사 모두를 공동피고로 해야 한다.

교환계약승인결의에 하자가 있는 때, 교환비율이 불공정할 때 등이 거론된다.

구체적으로 설명하면 교환계약이 가능한 회사의 형태는 주식회사로 한정되기 때문에 합명, 합자, 유한회사 등은 교환계약을 하여도 효력이 없다. 주식교환계약서(360조의 3 3항)에 반드시 적어야 할 사항을 누락한 때에도 교환계약무효의 원인이 될 수 있다.

교환계약을 체결할 때에는 교환계약서를 작성하여 주주총회의 승인을 얻어야 한다(360조의 3 1항). 주주총회의 승인결의는 출석주식 수의 3분의 2 이상의 다수 그리고 발행주식 총수의 3분의 1 이상의 동의가 필요하다(360조의 3 2항, 434조). 이상의 총회 결의에 하자가 있는 것도 교환계약무효의 원인이 된다. 또 주식교환계약서 등은 주주총회 회일의 2주 전부터 주식교환의 날 이후 6개월이 경과하는 날까지 본점에 비치하여야 하는데(360조의 4 1항), 비치의무를 이행하지 않는 경우에도 주주의 주식교환에 관한 판단권을 침해한다는 점을 고려하여 교환무효의 사유가 된다.

한편, 위 총회결의의 하자를 다투는 소송과 주식교환무효의 소는 어떤 관계가 있을까? 주식교환무효의 소는 주식교환이 있은 후에 제기할 수 있는 것이므로 교환 이전이라면 독자적으로 주주총회결의 하자를 다투는 소송을 제기할 수 있다고 생각하지만, 주식교환 이후에는 주주총회의 결의는 주식교환과정의 하나로서 자리매김하기 때문에 주식교환무효의 소만 제기할 수 있다. 따라서 주식교환의 효력이 발생한 이후 제기하는 총회결의의 하자를 다투는 소송은 소의 이익이 없어 각하된다.

7. 소송절차상 특징

가. 담보제공

주식교환무효의 소를 제기한 때에는 법원은 회사의 청구에 의하여 상당한 담보를 제공할 것을 명할 수 있다. 그러나 주주가 이사 또는 감사인 때에는 그러하지 아니하다(360조의 14 4항, 377조 1항). 회사가 담보제공명령을 청구한 때에는 이해관계인의 청구가 악의임을 소명하여야 한다(360조의 14 4항, 377조 2항, 176조 4항).

나. 소 제기의 공고

주식교환무효의 소가 제기되면 회사는 지체 없이 그 사실을 공고하여야 한다(360조의 14 4항, 187조). 소 제기 사실을 이해관계인에게 알려 피해의 확산을 막기 위해서이다.

다. 필수적 변론병합

수 개의 주식교환무효의 소가 제기된 때에는 법원은 이를 병합 심리하여야 한다(360조의 14 4항, 188조). 병합된 소는 유사필수적 공동소송의 성격을 갖는다.

라. 재량기각

주식교환무효의 소가 그 심리 중에 원인이 된 하자가 보완되고 회사의 현황과 제반사정을 고려하여 분할을 무효로 하는 것이 부적당하다고 인정한 때에는 주식교환무효의 청구를 기각할 수 있다(360조의 14 4항, 189조).

8. 판결의 효력과 이후의 처리

가. 원고 승소판결의 효력

주식교환무효의 소에서 원고승소판결이 확정되면 판결은 제3자에 대하여도 그 효력이 있다(360조의 14 4항, 190조 본문). 주식교환무효는 다수의 이해관계인이 존재하고 주식교환이 무효라면 이들 법률관계를 획일적으로 처리할 필요가 있기 때문이다. 주식교환무효의 판결은 신주발행무효의 소와 같이 소급효가 제한된다(360조의 14 4항, 431조 1항). 따라서 무효판결 전에 이뤄진 각종 거래는 모두 효력이 인정된다.

나. 원고 패소판결의 효력

원고가 패소하면 민소소송의 일반원칙에 따라 판결의 효력은 소송의 당사자에게만 미친다. 주식교환무효의 소를 제기한 자가 악의 또는 중대한 과실이 있는 때에는 회사에 대하여 연대하여 손해를 배상할 책임이 있다(360조의 14 4항, 191조).

다. 판결 이후의 처리

주식교환무효판결이 확정된 때에는 완전모회사가 된 회사는 주
식교환을 위하여 발행한 신주 또는 신주발행에 갈음하여 이전한
자기주식의 주주에 대하여 그가 소유하였던 완전자회사가 된 회사
의 주식을 이전하여야 한다(360조의 14 3항). 이때 판결 확정 전
거래는 유효하므로 이전할 주식은 판결확정일 현재 주식을 소유하
고 있던 자에게 이전하여야 한다. 완전모회사였던 회사의 주식을
가진 주주는 해당 주식을 완전모회사에 반환한다. 완전모회사의 주
식에 대한 질권자는 교환계약의 해소로 인하여 주주가 받은 금전
이나 주식에 대해서 종전의 주식을 목적으로 한 질권을 행사할 수
있고(360조의 14 4항, 339조), 회사에 대하여 주식에 대한 주권의
교부를 청구할 수 있다(360조의 14 4항, 340조 3항).

Ⅳ. 주식이전무효의 소

1. 소의 의의

주식의 포괄적 이전이란 한 회사(완전자회사)가 주식의 전부를 이전할 다른 회사(완전모회사)를 설립한 후 자신의 주식 전부를 신설회사(완전모회사)에 이전하고 주식을 이전한 회사의 주주는 신설한 회사(완전모회사)가 발행하는 주식을 인수하는 조직법적 법률행위이다. 주식의 포괄적 교환과 함께 지주회사를 만드는 간편한 방법이다.

주식의 포괄적 이전 역시 주주의 이해관계에 큰 영향을 미치기 때문에 상법은 주식이전계획을 작성하여 주주총회의 승인을 얻도록 하고(360조의 16), 주식이전계획서와 이전계획 관련 서류를 공시하며(360조의 17 1항) 나아가 반대주주의 주식매수청구권(360조의 22, 360조의 5) 등에 관한 규정을 두고 있다. 주식이전무효의 소는 주식의 이전에 의하여 형성된 완전모자회사 관계를 해소하는 효과가 있는 형성의 소이다.

2. 소의 성질

본소는 형성의 소이다. 제360조의 23 제1항과 제2항은 본소의 원고적격자를 한정하고 소만으로 합병의 무효를 다툴 수 있도록 제한하며 제소 기간과 관할도 제한한다. 또, 같은 조 제4항은 형성의 소에 관해 일반적인 조문을 준용하여 소송의 절차 및 판결의 효력에 있어 형성의 소가 갖는 특징을 수용하고 있다.

3. 제소 기간

본소는 주식이전의 날부터 6개월 내에 제기하여야 한다(360조의 23 1항). 역으로 주식이전의 날이 이르지 않은 상태에서 제기한 소는 원칙적으로 각하되어야 하지만 제소 기간 심사 단계에서 이미 주식이전의 효력이 발생하고 6개월이 경과하지 아니하였다면 제소 기간에 관한 하자는 치유되었다고 보아야 한다.

4. 소의 당사자

원고는 주주, 이사, 감사, 감사위원회의 위원, 청산인에 한정된다 (360조의 23 1항). 상법은 각 회사의 주주 등으로 표현하고 있으므로 완전모회사 및 완전자회사의 주주 등은 모두 원고적격이 있다. 채권자는 원고적격자로 규정하지 아니하였다.

피고는 완전모회사 및 완전자회사 모두이다.[1] 이사가 소를 제기한 때에는 감사가 회사를 대표한다(394조 1항).

5. 소의 관할

주식이전무효의 소는 완전모회사가 되는 회사 본점 소재지의 지방법원 전속관할이다(360조의 23 2항). 관할 위반의 제소는 직권이송의 대상이 된다.

6. 청구취지와 청구원인

주식이전무효의 소의 청구취지는 "피고 A주식회사가 피고 B주식회사를 설립하고 피고 B주식회사를 완전모회사로 하고 피고 A주식회사를 완전자회사로 하는 20XX. X. X 자 주식이전은 무효로 한다."이다.

청구원인에는 원고적격을 기초 짓는 사실, 주식이전의 날로부터 6개월 내에 제소된 사실, 주식이전계획의 특정, 주식이전계획 혹은 절차의 무효원인을 기재하면 된다. 주식이전무효의 원인으로는 주

---

[1] 완전모회사만 피고가 된다는 견해로 이철송 924쪽 참조. 그러나 판결의 효력은 모회사와 자회사가 당사자가 되는 교환계약 전체를 무효로 하는 것으로 판결을 효력을 2개 회사 모두에 미치게 할 필요가 있다는 점을 고려하면 2개 회사 모두를 공동피고로 해야 한다.

식이전을 제한하는 법규정에 위반한 때, 주식이전계획이 법정요건을 갖추지 못한 때, 주식이전승인결의에 하자가 있는 때, 이전에 따른 주식배정비율이 불공정할 때 등이 거론된다.

구체적으로 설명하면 주식이전 가능한 회사의 형태는 주식회사로 한정되기 때문에 합명, 합자, 유한회사 등은 주식이전을 하여도 효력이 없다. 주식이전계획(360조의 16 1항)에 반드시 적어야 할 사항을 누락한 때에도 주식이전무효의 원인이 될 수 있다.

주식이전을 할 때에는 주식이전계획서를 작성하여 주주총회의 승인을 얻어야 한다(360조의 16 1항). 주주총회의 승인결의는 출석주식 수의 3분의 2 이상의 다수 그리고 발행주식 총수의 3분의 1 이상의 동의가 필요하다(360조의 16 2항, 434조). 이상의 총회 결의에 하자가 있는 것도 주식이전무효의 원인이 된다. 또 주식이전계획서 등은 주주총회 회일의 2주 전부터 주식교환의 날 이후 6개월이 경과하는 날까지 본점에 비치하여야 하는데(360조의 17 1항), 비치의무를 이행하지 않는 경우에도 주주의 주식이전에 관한 판단권을 침해한다는 점을 고려하여 주식이전무효의 사유가 된다.

한편, 위 총회결의의 하자를 다투는 소송과 주식이전무효의 소는 어떤 관계가 있을까? 주식이전무효의 소는 주식이전이 있은 후에 제기할 수 있는 것이므로 주식이전의 효력이 생기지 아니한 때라면 독자적으로 주주총회결의 하자를 다투는 소송을 제기할 수 있다고 생각하지만, 주식이전 이후에는 주주총회의 결의는 주식이전과정의 하나로서 자리매김하기 때문에 주식이전무효의 소만 제기할 수 있다. 따라서 주식이전의 효력이 발생한 이후 제기하는 총회결의의 하자를 다투는 소송은 소의 이익이 없어 각하된다.

7. 소송절차상 특징

가. 담보제공

주식이전무효의 소를 제기한 때에는 법원은 회사의 청구에 의하여 상당한 담보를 제공할 것을 명할 수 있다. 그러나 주주가 이사 또는 감사인 때에는 그러하지 아니하다(360조의 23 4항, 377조 1항). 회사가 담보제공명령을 청구한 때에는 이해관계인의 청구가 악의임을 소명하여야 한다(360조의 23 4항, 377조 2항, 176조 4항).

나. 소 제기의 공고

주식이전무효의 소가 제기되면 회사는 지체 없이 그 사실을 공고하여야 한다(360조의 23 4항, 187조). 소 제기 사실을 이해관계인에게 알려 피해의 확산을 막기 위해서이다.

다. 필수적 변론병합

수 개의 주식이전무효의 소가 제기된 때에는 법원은 이를 병합심리하여야 한다(360조의 23 4항, 188조). 병합된 소는 유사필수적 공동소송의 성격을 갖는다.

라. 재량기각

주식이전무효의 소가 그 심리 중에 원인이 된 하자가 보완되고

회사의 현황과 제반사정을 고려하여 분할을 무효로 하는 것이 부
적당하다고 인정한 때에는 주식이전무효의 청구를 기각할 수 있다
(360조의 14 4항, 189조).

8. 판결의 효력과 이후의 처리

가. 원고 승소판결의 효력

주식이전무효의 소에서 원고승소판결이 확정되면 판결은 제3자
에 대하여도 그 효력이 있다(360조의 23 4항, 190조 본문). 주식이
전무효는 다수의 이해관계인이 존재하고 주식이전이 무효라면 이
들 법률관계를 획일적으로 처리할 필요가 있기 때문이다. 주식이전
무효의 판결은 신주발행무효의 소와 같이 소급효가 제한된다(360조
의 14 4항, 190조 단서). 따라서 무효판결 전에 이뤄진 각종 거래
는 모두 효력이 인정된다.

나. 원고 패소판결의 효력

원고가 패소하면 민소소송의 일반원칙에 따라 판결의 효력은 소
송의 당사자에게만 미친다. 주식이전무효의 소를 제기한 자가 악의
또는 중대한 과실이 있는 때에는 회사에 대하여 연대하여 손해를
배상할 책임이 있다(360조의 23 4항, 191조).

다. 판결 이후의 처리

주식이전무효판결이 확정된 때에는 완전모회사가 된 회사는 주식이전을 위하여 발행한 주식의 주주에 대하여 그가 소유하였던 완전자회사가 된 회사의 주식을 이전하여야 한다(360조의 14 3항). 이때 판결 확정 전 거래는 유효하므로 주식이전의 상대방은 판결 확정일 현재 주식을 소유하고 있던 자이다. 완전모회사였던 회사의 주식을 가진 주주는 해당 주식을 완전모회사에 반환한다. 완전모회사의 주식에 대한 질권자는 이전계약의 해소로 인하여 주주가 받은 금전이나 주식에 대해서 종전의 주식을 목적으로 한 질권을 행사할 수 있고(360조의 23 4항, 339조), 회사에 대하여 주식에 대한 주권의 교부를 청구할 수 있다(360조의 23 4항, 340조 3항).

한편, 주식이전이 무효가 되면 설립무효의 소에 준하여 그 사실을 본점과 지점의 소재지에 등기하여야 하며(360조의 23 4항, 192조), 신설회사의 해산에 따라 청산을 하여야 하여 법원은 이해관계인의 청구에 의하여 청산인을 선임할 수 있다(360조의 23 4항, 193조). 문리해석상으로는 주식이전 후 남은 완전모회사의 재산을 가지고 청산하라는 취지로 해석되는데, 이것은 채권자우선보호원칙에 어긋난다는 지적이 있다.[2]

---

2) 이철송 931쪽.

제8장

회사의 소멸과 소송

Ⅰ. 회사해산의 소

1. 소의 의의

회사의 해산은 회사의 법인격을 해소하는 법률사실로서 상법은 해산명령(176조)과 해산판결(520조, 주식회사)을 규정하고 있다. 해산명령은 회사의 설립목적이 불법이거나 휴면회사이거나 이사 등 업무집행사원의 위법행위가 회사의 존속을 허용할 수 없게 할 때 이해관계인이나 검사의 청구에 의하여 법원이 하며 법원의 직권으로도 해산명령을 할 수 있다. 이처럼 해산명령은 회사의 유지가 공공의 이익에 부합하지 않는다고 판단될 때 인정되는 공익적 제도이다. 반면, 회사해산의 소는 부득이한 사유가 있을 때 일정 자격을 갖춘 주주에게 인정되는 사원권의 일종이다. 제520조 제1항 각

호의 규정을 고려하면 이 권리는 일종의 공익권이다.

회사해산의 소는 소수주주권을 행사로 회사를 해산시킬 수 있는
형성의 소이다.

2. 소의 성질

본소는 형성의 소이다. 제520조 제1항은 본소의 원고적격자를
소수주주로 한정하고 같은 조 제2항은 전속관할과 원고패소 책임
에 관한 규정을 준용하고 있다.

3. 제소 기간

제소 기간에는 제한이 없다. 많은 이해관계를 맺고 있는 회사를
해산하여야 할 정도의 공익적 필요성이 인정된다면 제소 기간의
제한은 제도의 취지와 충돌한다.

4. 소의 당사자

원고는 발행주식 총수의 100분의 10 이상에 해당하는 주식을 가
진 주주로 한정된다(520조 1항). 상법은 이사, 감사, 감사위원회 위
원 등에 대해서는 원고적격을 인정하지 아니한다. 100분의 10 이
상의 요건은 소송종결 시까지 유지하여야 한다. 소송계속 중 원고

가 사망한 때에는 상속인이 소송을 수계한다.[1]

피고는 해산대상이 되는 회사다.

5. 소의 관할

회사해산의 소는 회사의 본점 소재지를 관할하는 지방법원의 전속관할이다(520조 2항, 186조). 관할 위반의 제소는 직권 이송의 대상이 된다.

6. 청구취지와 청구원인

청구취지는 "피고 A주식회사를 해산한다."이다.

청구원인에는 원고적격을 기초 짓는 사실, 부득이한 사유, 회사의 업무가 현저한 정돈상태를 계속하여 회복할 수 없는 손해가 생기거나 생길 염려가 있다는 사실(520조 1항 1호) 또는 회사재산의 관리 또는 처분의 현저한 실당으로 인하여 회사의 존립을 위태롭게 한 사실을 기재하면 된다(520조 1항 2호).

청구원인 중 '부득이한 사유'를 사원 간의 불화 등으로 업무계속이 곤란한 상태에 빠져 해산이 유일한 해결수단일 때와 다수파 사원의 불공정 또는 이기적인 업무집행 때문에 소수파사원이 불합리한 불이익을 받고 그러한 상태를 극복할 공정하고 상당한 수단이

---

1) 最高裁判所 昭和 45. 7. 15. 判決.

해산 이외에는 없는 때로 나눠 설명하는 견해가 있다.[2] 전자에 관하여 합자회사가 문제된 사안에서 일본판례는 사원 중 1인을 제명할 수 있고 제명을 통해 충분히 분쟁상황을 끝낼 수 있는 여지가 있는 때에는 해산판결의 청구를 받아들일 수 없다고 판단한 예[3]가 있다. 후자에 관해서는 합명회사가 문제된 사안에서 회사의 업무집행이 곤란하지 않더라도 다수파의 불공정하고 이기적인 업무집행 때문에 소수파가 항상적으로 피해를 입고 있다면 그것을 타개하기 위한 다른 수단이 없는 한 해산청구를 받아들일 수 있다는 판례[4]도 있다. 이때 타개수단은 해산을 청구하는 사원과 이에 반대하는 사원 모두에게 공정하고 상당한 수단이어야 한다.

한편, 제520조 제1항 제1호의 해석에 관해선 이사 등 임원의 재선임이 필요한 상황에서 주주가 반으로 나뉘어서 찬반이 대립되고 있어 임원의 재선임이 불가능할 때는 제1호의 사유에 해당한다는 일본판례가 있다.[5] 또, 유한회사가 문제된 사안에서 유한회사의 설립목적이 사실상 실현 불가능하게 되었고 자산의 매각대금 처리를 위하여 회사가 존속하고 있는 상황에서 대표이사가 매각대금을 투명하게 처리하려고 하지 않고 사원은 대표이사 편과 반대편으로 나뉘어 회사의 업무집행과 재산관리에 관한 결정이 불가능한 상황이 제2호 사유에 해당한다는 판례가 있다.[6]

---

2) 商事研究会 Ⅱ 785頁.
3) 最高裁判所 昭和 33. 5. 20. 判決.
4) 最高裁判所 昭和 61. 3. 13. 判決.
5) 東京地方裁判所 平成 1. 7. 18. 判決.
6) 高松高等裁判所 平成 8. 1. 29. 判決.

7. 소송절차상 특징

상법의 규정상으로는 담보제공, 소 제기의 공고, 필수적 변론병합, 재량기각 등에 관한 규정이 준용되고 있지 아니하다. 형성의 소이고 회사해산이라고 하는 중대한 파급효에 비추어 각 규정을 준용할 필요가 있다.[7]

8. 판결의 효력과 이후의 처리

가. 원고 승소판결의 효력

회사해산의 소에서 원고승소판결이 확정되면 판결의 효력으로 회사는 해산한다. 명문의 규정은 없으나 다수 이해관계의 획일적 처리를 위해 제3자에 대해서도 효력이 있다고 해석하여야 한다. 다만, 법률관계의 안정을 위해서 판결의 소급효는 제한된다고 해석된다. 따라서 해산판결 이전에 이뤄진 거래는 효력이 있다.

나. 원고 패소판결의 효력

원고가 패소하면 민소소송의 일반원칙에 따라 판결의 효력은 소송의 당사자에게만 미친다. 회사해산의 소를 제기한 자가 악의 또는 중대한 과실이 있는 때에는 회사에 대하여 연대하여 손해를 배

---

7) 다만, 회사해산의 소에 관해서는 입법론적으로 재고가 필요하다는 의견에 의하면[손주찬/정동윤(Ⅴ) 52쪽] 소송절차를 보완하는 추가적인 개정에 적극적일 필요는 없을 수도 있다.

상할 책임이 있다(520조 2항, 191조).

다. 판결 이후의 처리

해산판결이 확정되면 회사는 해산하며 청산절차에 들어간다. 이 때 청산인은 이사가 된다(531조 1항).

제9장
상사가처분

I. 상사가처분 개관

1. 상사가처분의 의의

보통 보전처분이라고 하면 민사집행법에 규정된 가압류와 가처분의 재판 및 그 집행절차를 가리킨다. 보전처분은 본안재판이 오래 지속되면 승소판결을 받아도 애초 목적한 권리실현이 어렵게 될 위험이나 손해를 방지하기 위해 본안판결이 선고되기 전에 신속하게 잠정적인 조치를 취하는 재판절차이다. 민사집행법 제4편은 가압류와 가처분에 관하여 규정하고 있는데 그중 가처분에 관한 규정은 모두 11개에 불과하지만 실제 소송에서 가처분은 매우 중요한 권리확보수단이다.

가처분은 민사집행법의 조문규정에 따라 크게 다툼의 대상에 관한 가처분(민집 300조 1항)과 다툼이 있는 권리관계에 관하여 임시의 지위를 정하는 가처분(민집 300조 2항)으로 구분할 수 있다. 다툼의 대상에 관한 가처분이란 채권자가 비금전채권을 대상으로 하는 채권을 가지고 있을 때 다툼의 대상의 현상을 동결하는 보전처분으로 여기에는 처분금지가처분, 점유이전금지가처분 등이 속한다. 소송승계주의를 채택하고 있는 우리나라에서 가처분이 갖는 당사자항정의 효력은 중요한 몫을 한다.[1] 임시의 지위를 정하는 가처분이란 현재 다툼 있는 권리관계에 관하여 잠정적으로 임시의 법률관계를 형성하여 놓는 보전처분으로서 새로운 형태의 분쟁이 증가하면서 임시의 지위를 정하는 가처분의 수요도 증가하고 있다. 상법 제407조에 근거한 이사직무집행정지 및 직무대행자선임 가처분을 비롯하여 상사가처분의 대부분이 여기에 속한다.

보전처분의 특징, 달리 표현하면 상사가처분의 특징으로는 잠정성, 긴급성, 밀행성, 부수성, 자유재량성 등이 언급된다.[2]

2. 상사가처분의 범위

임시의 지위를 가처분이 그렇듯이 상사가처분의 범위는 매우 넓다. 회사의 법률관계가 형성되는 형태에 따라 얼마든지 새로운 법률관계의 잠정적 형성을 구하는 가처분을 구성할 수 있다. 많이 언급되는 가처분의 예를 든다면, 이사의 위법행위유지가처분, 이사의 직무집행정지 및 직무대행자선임 가처분, 주주총회개최금지 및 주주총회결의효력정지 가처분, 주식의 처분금지가처분, 명의개서금지가처분, 의결권행사금지 혹은 의결권행사허용의 가처분, 임시로 주주의 지위를 정하는 가처분, 신주발행금지가처분 등이 있다. 이 책에서는 이 중에서 주주총회개최금지가처분, 위법행위유지가처분, 이사의 직무집행정지 및 직무대행자선임 가처분만을 다루었다.

---

1) 이시윤(집) 470쪽.

2) 실무제요(Ⅳ) 3쪽～6쪽, 이시윤(집) 470쪽～471쪽.

3. 상사가처분의 신청요건

상사가처분은 임시의 지위를 정하는 가처분이 요구하는 피보전권리와 보전의 필요성을 요건으로 한다. 피보전권리란 널리 다툼이 있는 권리관계를 의미하는데 권리관계는 현존하는 것이어야 한다. 따라서 원칙적으로 퇴임한 이사의 직무집행정지를 구하는 가처분은 허용되지 아니한다.[3] 형성의 소를 본안을 할 때, 그 법적 근거가 없으면 피보전권리를 인정할 수 없으므로 역시 신청을 기각한다.[4] 다툼이 되는 권리관계이어야 하지만 판결절차, 강제집행절차, 비송사건절차, 체납처분은 여기에 포함되지 않는다. 따라서 임시의 지위를 정하는 가처분으로 경매절차의 정지를 구하는 것은 허용되지 않는다.[5] 또한 권리관계는 다툼이 있어야 한다. 본안소송의 소송물은 보전처분의 피보전권리와 동일할 필요는 없다. 양자의 관계를 엄격하게 요구하면 잠정적으로 채권자를 보호하려는 보전처분 제도의 취지에 어긋날 염려가 있기 때문에 청구기초의 동일성만 있으면 된다.[6]

보전의 필요성이란 다툼이 있는 권리관계에서 채권자에게 생길 수 있는 현저한 손해 또는 급박한 위험이 있는 것을 말한다(민집 300조 2항). 현저한 손해란 본안판결의 확정까지 기다리는 것이 가

---

3) 이미 효력이 상실된 단체협약의 효력정지를 구한 가처분을 기각한 예로 대법원 1995. 3. 10. 자 94마605 결정.

4) 대법원 2001. 1. 16. 선고 2000다45020 판결.

5) 대법원 1986. 5. 30. 자 86그76 결정.

6) 대법원 2001. 3. 13. 선고 99다11328 판결(원인무효로 인한 소유권이전등기말소청구권을 피보전권리로 한 가처분의 효력이 본안소송의 소송물인 명의신탁해지로 인한 소유권이전등기 청구권의 보전에도 미친다고 본 사례).

혹하다고 평가될 정도의 불이익이나 고통을 의미한다. 재산적, 정신적 손해를 모두 포함하는 개념이다. 급박한 위험이란 현저한 손해의 예시라고 해석하는 견해가 있다.[7] 가처분에서 채권자가 받는 이익에 비하여 채무자가 받는 불이익이 현저하게 크다면 비례의 원칙에 따라 보전의 필요성을 인정하지 않는다. 본안소송의 승소 가능성이나 가처분 발령 이후 가처분 내용에 반하는 주주총회의 적법한 결의가 행해질 가능성 등도 보전의 필요성을 평가하는 중요한 요소이다. 판례는 임시의 지위를 정하는 가처분을 필요로 하는지의 여부는 당해 가처분신청의 인용 여부에 따른 당사자 쌍방의 이해득실관계, 본안소송에 있어서의 장래의 승패의 예상, 기타의 제반 사정을 고려하여 법원의 재량에 따라 합목적적으로 결정하여야 할 것이며, 단체의 대표자 선임 결의의 하자를 원인으로 하는 가처분신청에 있어서는 장차 신청인이 본안에 승소하여 적법한 선임 결의가 있을 경우, 피신청인이 다시 대표자로 선임될 개연성이 있는지의 여부도 가처분의 필요성 여부 판단에 참작하여야 한다고 본다.[8]

4. 보전소송의 구조와 불복절차

가처분절차는 원칙적으로 임의적 변론절차이지만, 임시의 지위를 정하는 가처분 재판에 대해서는 변론기일 또는 채무자가 참석할

---

7) 이시윤(집) 537쪽.
8) 대법원 1997. 10. 14. 자 97마1473 결정.

수 있는 심문기일을 열어야 한다(민집 304조 본문). 당사자의 절차 참여권을 보장하려는 것이다. 다만, 채권자에게 중대한 위험이 절박한 경우 등 그 기일을 열어 심리하면 목적을 달성할 수 없는 사정이 있는 때에는 예외적으로 심문을 하지 않을 수 있다(민집 304조 단서).

피보전권리 및 보전의 필요성은 증명의 대상이 아니라 소명의 대상이다. 그러나 제3자에게 중대한 영향을 끼치는 때에는 고도의 소명을 요구한다.[9] 가처분소송과 본안소송은 절차의 종류를 달리하기 때문에 병합 심리할 수 없고[10] 다만, 병행심리의 대상이 된다.

가처분신청에 대한 재판은 결정으로 하되(민집 301조, 281조 1항) 이유기재를 생략할 수 있다(민집 23조, 민소 224조). 가처분명령은 보통 신청인에게 담보제공의 명령과 함께 발령되며 담보제공명령을 이행하지 아니하면 가처분신청이 각하된다.

가처분신청에 대한 기각, 각하 결정에 대해서는 즉시항고로 불복할 수 있고(민집 301조, 281조 2항) 항고법원의 결정에 대해서는 재항고할 수 있다. 재항고절차에는 상고심절차에 관한 특례법이 적용된다. 즉시항고에 대해서는 집행정지의 효력이 없기 때문에(민집 301조 286조 7항) 집행정지의 효력을 부여하기 위해서는 별도로 가처분취소의 효력정지결정을 받아야 한다(민집 301조, 289조).

가처분을 인용하는 결정에 대해서는 이의신청을 할 수 있다(민집 301조, 283조 1항, 2항). 이의신청에 의해서는 가처분의 집행이 정지되지 아니한다(민집 301조, 283조 3항). 이의신청이 있으면 법원

---

9) 이시윤(집) 541쪽.
10) 대법원 2003. 8. 22. 선고 2001다23225 판결.

은 변론절차 또는 당사자 쌍방이 참여할 수 있는 심문기일을 열어
야 한다(민집 301조, 286조 1항). 이의신청에 대한 재판도 결정으로
한다(민집 301조, 286조 3항). 이의신청에 대한 결정에 대해서는 즉
시 항고할 수 있고(민집 301조, 286조 7항) 항고법원의 결정에 대
해서는 재항고할 수 있다. 이의신청과는 별도로 이미 발령된 가처
분인용 결정에 대해서 사정변경 등을 이유로 취소신청(민집 310조)
또는 집행정지를 구할 수도 있다(민집 309조).

Ⅱ. 주주총회개최금지가처분

1. 가처분의 의의

주주총회의 결의에 관한 소송으로는 앞서 살핀 바와 같이 결의취소, 결의무효 및 결의부존재확인의 소 등이 있다. 하지만 소를 제기하기에 앞서 주주총회에서 이뤄질 특정 결의사항의 결의를 본안판결 선고 혹은 확정시까지 금지시켜야만 본안판결의 실효성을 보장할 수 있을 때가 있다. 한편, 주주총회에 관한 가처분에는 주주총회개최금지의 가처분 외에도 결의효력정지가처분, 주주총회결의금지의 가처분을 고려할 수 있다.

2. 피보전권리

주주총회개최금지의 가처분 명령이 발령되면 해당 주주총회의 결의가 있을 수 없으므로 결의취소, 결의무효 및 결의부존재확인의 소를 피보전권리로 할 수 없다고 설명한다. 대신 해당 주주총회 개최금지의 소를 상정하고 주주총회의 소집권자가 이사이면 주주, 감사, 감사위원이 해당 이사에 대하여 갖는 위법행위유지청구권(402조, 415조의 2)을 피보전권리로 해석하고, 소집권자가 이사가 아닌 때에는 본래 소집권한이 있는 자가 실제 소집한 자에 대하여 갖는 방해배제청구권을 피보전권리라고 해석한다.[1] 한편, 소집권한 없는 자가 주주총회를 소집하려 하는 때에는 위법행위유지청구권에 관한 규정을 유추 적용하여 주주 등의 위법행위유지청구권이 피보전 권리라고 보는 견해도 있다.[2]

3. 신청의 당사자

소집권한이 있는 자가 주주총회를 소집하는 때에는 제402조 또는 제415조의 2의 요건을 갖춘 주주 또는 감사, 감사위원이 신청인이 된다. 따라서 주주는 신청 당시 발행주식 총수의 100분의 1 이상에 해당하는 주식을 가진 자로 한정된다.

소집권한이 없는 자가 주주총회를 소집하는 때에는 본래 소집권한이 있는 자, 통상 대표이사가 신청인이 된다. 한편, 위법행위유지청구권의 유추적용을 주장하는 견해에 의하면 자격을 갖춘 주주도 신청이 된다.

피신청인에는 기본적으로 회사가 포함되나 소집권한이 없는 자가 주주총회를 소집하려고 한 때에는 그자도 피신청인으로 삼는 것이 실무이다.[3] 일본판례는 회사는 채무자가 아니라고 한다.[4]

---

1) 商事硏究会 Ⅱ 910頁～911頁; 민사집행(Ⅳ) 350쪽.
2) 商事硏究会 Ⅱ 911頁.
3) 민사집행(Ⅳ) 351쪽.
4) 東京高等裁判所 平成 17. 6. 28. 決定.

4. 신청의 관할

신청은 본안의 관할법원 또는 다툼의 대상이 있는 곳을 관할하는 지방법원이 관할한다(민집 303조). 합의부의 관할에 속하는 가처분신청이라도 보전처분을 필요로 하는 급박한 사정이 있을 때에는 예외적으로 재판장이 가처분명령을 할 수 있다(312조).

5. 신청취지와 보전의 필요성

신청취지는 "채무자가 20XX. X. X.에 소집한 20XX. X. X. 10:00 채무자 회사 본점 회의실에서 별지목록기재[5]의 결의사항을 위한 임시주주총회는 그 개최를 금지한다."이다.[6]

주주총회개최금지 가처분의 보전의 필요성은 엄격하게 인정한다. 주주총회의 개최가 금지되면 다른 주주의 의결권이 박탈되는 효과가 있고 주주총회가 개최되어 의결된 결의사항은 결의취소, 결의무효 및 결의부존재확인의 소에서 다툴 수도 있는데다가 주주총회란 원래 서로 다른 입장을 갖고 있는 주주가 최종적으로 다수결로 전체의 의사를 결정하고 소수파는 그 결정을 받아들여야 하는 성격이 있기 때문이다. 따라서 일본판례 중에는 주주총회의 개최를 허용하면 결의의 성부를 좌우할 주식 수를 보유한 주주를 위법하게 배제하고 위법 또는 현저하게 불공정한 방법으로 의결이 이뤄질

---

5) 별지목록에는 주주총회의 일시, 장소, 주주총회의 차수 및 효력을 정지할 결의의 표시로서 이사 ○○○의 해임결의 등을 기재한다.

6) 민사집행(Ⅳ) 351쪽.

고도의 개연성이 있고 그 결과 회사에 회복이 곤란한 중대한 손해를 입힐 우려가 있는 때에 한정하여 보전의 필요성을 인정한 예가 있다.[7]

6. 신청절차상 특징

주주총회개최금지 가처분은 주주총회소집통지가 임박하거나 혹은 통지가 이뤄진 뒤 신청되는 경우가 많아 특별심문기일을 지정하거나 신청서를 특별 송달하고 답변서를 제출받은 방식으로 진행된다.[8] 따라서 신청서에 개최금지의 이유에 되도록 구체적으로 이를 뒷받침하는 소명자료를 일거에 제출할 필요가 있다.

신청이 인용되면 담보금액은 상대방이 다시 주주총회를 소집하는 데 소요되는 비용, 주주총회의 연기에 의해 생기는 손해 등을 고려하여 정한다.[9] 또 보전처분으로는 주주총회에서 이뤄진 결의 자체의 집행 또는 효력정지를 구할 수 있을 뿐, 회사 또는 제3자의 별도의 거래행위에 직접 개입하여 이를 금지할 권리는 없다고 해석한다.[10]

---

7) 東京高等裁判所 平成 17. 6. 28. 決定.
8) 민사집행(IV) 351쪽.
9) 商事硏究会 II 914頁.
10) 대법원 2001. 2. 28. 자 2000마7839 결정.

7. 가처분의 효력과 이후의 처리

주주총회개최금지 가처분의 취지를 위반하여 결의가 행하여지면
해당 결의는 효력이 없다고 해석해야 한다. 결의사항을 집행하여
손해가 발행하면 해당 이사 등은 손해배상 책임을 부담할 수 있다
(399조, 401조). 한편, 판례는 본안소송에서 피보전권리에 해당하는
사유가 인정되지 아니한 때에는 가처분에 위반하여 총회가 개최되
었다는 사정만으로 결의가 무효 또는 취소가 되지 않는다고 해석
한다.[11]

---

11) 대법원 1999. 10. 8. 선고 98다38760 판결.

Ⅲ. 위법행위유지가처분

> 제402조(유지청구권) 이사가 법령 또는 정관에 위반한 행위를 하여 이로 인하여 회사에 회복할 수 없는 손해가 생길 염려가 있는 경우에는 감사 또는 발행주식의 총수의 100분의 1 이상에 해당하는 주식을 가진 주주는 회사를 위하여 이사에 대하여 그 행위를 유지할 것을 청구할 수 있다.
> 제415조의 2(감사위원회) ⑦ 제296조・제312조・제367조・제387조・제391조의 2 제2항・제394조 제1항・제400조・제402조 내지 제407조・제412조 내지 제414조・제447조의 3・제447조의 4・제450조・제527조의 4・제530조의 5 제1항 제9호・제530조의 6 제1항 제10호 및 제534조의 규정은 감사위원회에 관하여 이를 준용한다.

1. 가처분의 의의

이사의 위법행위를 막기 위한 사전적 장치로는 위법행위유지의 소가 있다(402조). 하지만 본안 소송의 제기만으로 이사의 위법행위를 당연히 정지시킬 수 없기 때문에 일반적으로 본안의 소보다는 위법행위유지가처분이라는 보전소송이 사용되며 가처분에 위반한 위법행위에 대해 해당 행위의 무효확인 및 손해배상소송 등의 책임추궁이 따르게 된다. 이사의 직무직행정지가처분(407조)이 이사의 직무행위를 포괄적으로 제한하는 반면, 위법행위유지가처분은 이사의 특정행위를 제한하는 효과가 있다.

2. 피보전권리

피보전권리는 상법 제402조에 규정된 위법행위유지청구권이다.

3. 신청의 당사자

신청인은 감사 또는 발행주식 총수의 100분의 1 이상에 해당하는 주식을 가진 주주이다. 남소를 막기 위해 유지청구를 소수주주권으로 하고 있다. 상장회사는 6개월 이상 계속하여 발행주식 총수의 10만 분의 50(자본금 1,000억 원 이상인 회사는 10만 분의 25)을 보유한 자가 유지청구를 할 수 있다(542조의 6 5항). 주식을 보유한 자에는 2명 이상의 주주의 주주권을 공동으로 행사하는 자도 포함하기 때문에(542조의 6 7항), 복수의 주주가 갖는 주식 수의 합이 발행주식 총수의 100분의 1 이상이면 이를 공동으로 행사하게 하여 이 신청을 할 수 있다.

피고는 이사 개인이다. 유지청구는 감사 또는 이사가 회사의 권리를 회사를 위하여 행사하는 것이므로 회사를 상대로 할 수 없다. 이사의 고의 과실은 묻지 않는다.[1]

한편, 위법행위유지청구권 제도는 주식회사의 청산인(542조 2항)에도 준용되므로 청산회사에 대해선 청산인이 피고가 된다.

---

1) 손주찬/정동윤(Ⅱ) 468쪽, 정찬형 907쪽.

4. 신청의 관할

본안의 소에 대해서는 대표소송의 규정을 유추 적용하여 피고
회사 본점 소재지 지방법원 전속관할이라고 설명하는데, 보전소송
의 실무는 관련 명문규정이 없으므로 채무자의 보통재판적이 있는
지방법원도 가처분의 관할 법원이 될 수 있다고 설명한다.[2]

5. 신청취지와 보전의 필요성

신청취지는 "채권자의 채무자에 대한 이사 위법행위유지청구소
송의 본안판결 확정시까지 채무자는 이사회의 승인 없이 별지목록
기재 건물에 관하여 채무자 또는 채무자가 이사인 회사에 양도, 저
당권설정, 임대 그 밖에 일체의 처분행위를 하여서는 아니 된다."
이다.[3]

보전의 필요성에는 이사의 위법행위 및 이로 인하여 회복할 수
없는 손해가 발생할 수 있다는 사실 등이 나타나야 한다. 구체적인
내용은 본소의 청구원인과 대동소이하다. 따라서 법령 또는 정관에
위반하는 행위란 법령 또는 정관의 구체적인 규정에 위반하는 행
위를 포함한다. 예들 들어 자기주식취득금지(314), 이사회의 결의
없는 사채의 발행(469조) 등이 있다. 법령에 위반한 행위를 이사의
선관주의의무를 위반한 일반적인 특정 행위라고 해석하는 견해가

---

2) 민사집행(Ⅳ) 348쪽～349쪽.

3) 민사집행(Ⅳ) 349쪽. 이 신청취지는 이사와 회사의 자기거래제한을 위반한 이사의 위법행위유
　지를 구하는 것이다.

있다.[4] 이 견해에 의하면 유지청구는 이사의 행위 전반을 규율하는 제도가 된다. 정관에 위반한 행위로는 먼저 정관에 규정된 각종 절차규정을 이사회가 위반하고 특정 행위로 나아가는 것을 생각해 볼 수 있는데 널리 정관에 기재된 목적을 벗어난 행위도 포함된다.

회복할 수 없는 손해의 가능성이 있어야 한다. 일단 이사가 그 재산을 처분하게 되면 그것을 회복할 수 없는 때, 이사의 손해배상책임에 의하여서도 그 손해를 전보할 수 없는 때 등[5]이다. 회복이 불가능한 것만을 뜻하는 것이 아니라 회복을 위한 비용이나 절차 등으로 보아 회복이 곤란하거나 상당한 시일이 요하는 경우도 유지청구가 인정된다.[6]

6. 신청절차상 특징

위법행위의 유지를 구하는 것이므로 해당 행위가 이뤄지기 전에 신청하여야 한다. 가처분의 신청은 본래 회사가 행사할 유지청구권을 주주가 회사를 대위하여 하는 것이므로 일단 어떤 주주가 가처분을 신청하였다면 다른 주주나 회사는 다시 같은 가처분을 신청할 수 없고 이미 신청된 사건에 참가하여야 한다고 해석한다.[7]

---

4) 손주찬/정동윤(Ⅱ) 467쪽, 정동윤 462쪽, 門口 443頁.

5) 손주찬/정동윤(Ⅱ) 468쪽. 정찬형 907쪽.

6) 이철송 646쪽, 정동윤 462쪽, 정찬형 907쪽.

7) 민사집행(Ⅳ) 349쪽.

7. 가처분의 효력과 이후의 처리

위법행위유지청구는 회사를 위하여 행하여지는 것이므로 가처분의 효력은 회사에게도 미친다. 유지의 가처분명령을 위반한 행위의 효력은 어떠한가? 본소의 해석론과 같이 신주발행이나 사채발행과 같은 단체법적 행위는 유효하고, 매매·대차와 같은 개인법적 거래 행위는 상대방이 유지청구의 사실을 안 경우에는 회사가 무효를 주장할 수 있다는 견해[8]가 있을 수 있고 소수주주가 유지청구를 했다는 사실만으로 행위 위법성 혹은 적법성을 추정하는 것은 과잉된 것으로서 행위 유형과 상대방의 선의악의에 관계없이 항상 유효하다는 견해[9]가 있을 수 있다. 일본의 해석론은 상대방이 악의인 경우에 한하여 행위의 효력을 부정하는 견해가 많다고 한다.[10]

---

8) 손주찬/정동윤(Ⅱ) 470쪽, 정동윤 464쪽.

9) 이기수 362쪽, 이철송 651쪽, 정찬형 909쪽.

10) 商事研究会 Ⅱ 924頁.

Ⅳ. 이사직무집행정지 및 직무대행자선임 가처분

> 제407조 ① 이사선임결의의 무효나 취소 또는 이사해임의 소가 제기된 경우에는 법원은 당사자의 신청에 의하여 가처분으로써 이사의 직무집행을 정지할 수 있고 또는 직무대행자를 선임할 수 있다. 급박한 사정이 있는 때에는 본안 소송의 제기 전에도 그 처분을 할 수 있다.
> ② 법원은 당사자의 신청에 의하여 전항의 가처분을 변경 또는 취소할 수 있다.
> ③ 전 2항의 처분이 있는 때에는 본점과 지점의 소재지에서 그 등기를 하여야 한다.

1. 가처분의 의의

이사직무집행정지 및 직무대행자선임 가처분이란 이사의 직무집행을 임시로 정지시키고 그 직무를 대신할 자를 선임하는 보전처분이다. 이사의 선임결의에 하자가 있거나 이사해임의 사유가 있으면 이사선임의 주주총회결의의 취소, 무효, 부존재확인의 소 또는 이사해임의 소를 제기할 수 있지만 소가 확정될 때까지 해당 이사가 경영에 관여하면 회사에 중대한 손해를 입힐 염려가 있을 때, 이것을 회피하기 위해 제기하는 가처분이다. 가처분이 일단 발령되면 해당 이사와 이사에 미치는 영향이 매우 크기 때문에 피보전권리 및 보전의 필요성에 대한 주장에 대하여 고도의 소명을 필요로 한다.[1] 일본에서는 중소규모의 친족회사 내부분쟁으로 인해 제기되는 가처분이 많고 때로는 반대파 이사를 배제하려는 수단으로 사용된다고 한다. 동경지방재판소 관할 상사가처분의 3분의 1 정도를 차지한다고 한다.[2]

---

1) 商事硏究会 Ⅱ 883頁.

이러한 가처분은 상법상 특별히 인정되는 것은 아니고 민사집행법 제300조 2항 소정의 임시의 지위를 정하는 가처분의 일종이다.[3]

2. 피보전권리

피보전권리는 크게 2가지로 나눠진다. 이사를 선임한 주주총회의 결의의 하자를 본안으로 하는 것이고 다른 하나는 상법 제385조 제2항 정한 해임청구권을 피보전권리로 하는 것이다. 주주총회의 결의의 하자를 본안으로 하는 것에 대해서는 큰 다툼이 없다. 이사 해임청구권을 피보전권리로 할 때에는 상법 제385조 2항이 해임의 소를 제기하기 위한 절차를 별도로 규정하고 있는 것을 감안하여 특별히 급박한 사정이 없는 한 해임의 소를 제기할 수 있을 정도의 절차요건을 거친 흔적이 소명되어야 그것을 본안으로 하는 직무집행정지가처분의 피보전권리와 보전의 필요성이 인정될 수 있다고 한다.[4]

이상의 2가지 피보전권리 외에도 해석상 이사의 지위 또는 권한 부존재를 본안으로 하는 가처분도 허용된다. 원칙적으로 정당한 이사가 이들에 대해하여 직무수행방해금지가처분 등을 구할 수 있지만 정당한 이사가 선임되었더라도 그가 적극적으로 소를 제기하지 아니하면 주주로서는 종전 이사의 지위나 권한을 배제할 필요가 있고 이를 위한 임원의 지위 또는 권한 부존재확인소송이 가능하

---

2) 商事研究會 II 884頁.
3) 대법원 1989. 5. 23. 선고 88다카9883 판결.
4) 대법원 1997. 1. 10. 자 95마837 결정.

기 때문이다.5) 한편, 때에 따라서는 설립무효의 소 또는 위법행위 유지의 소를 본안으로 한 가처분도 가능하다는 해석이 있다.6)

3. 신청의 당사자

주주총회 결의의 하자를 다투는 소송을 본안으로 할 때에는 해당 소송의 원고가 신청인이 된다. 따라서 주주, 이사, 감사 등이 신청인이 된다. 해임청구권을 피보전권리로 할 때에는 해임의 소가 요구하는 지주요건을 갖추어야 한다. 따라서 이때의 신청인은 감사 또는 발행주식 총수의 100분의 1 이상에 해당하는 주식을 가진 주주가 된다. 상장회사는 6개월 이상 계속하여 발행주식 총수의 10만 분의 50(자본금 1,000억 원 이상인 회사는 10만 분의 25)을 보유한 자가 신청인이 될 수 있다(542조의 6 5항). 주식을 보유한 자에는 2명 이상의 주주의 주주권을 공동으로 행사하는 자도 포함하기 때문에(542조의 6 7항), 복수의 주주가 갖는 주식 수의 합이 발행주식 총수의 100분의 1 이상이면 이를 공동으로 행사하여 신청을 할 수 있다. 임기 만료된 이사라도 후임 이사가 선임되지 않거나 후임 이사의 선임결의에 하자가 있는 때에는 신청인 적격이 있다.7)

직무집행의 정지를 요구받는 당해 이사만이 피신청인이 된다.8)

임기만료 또는 사직한 퇴임이사는 피신청인 적격이 없다. 제386

---

5) 민사집행(Ⅳ) 331쪽~332쪽.

6) 商事硏究会 Ⅱ 887頁.

7) 대법원 2001. 7. 27. 선고 2000다56037 판결 참조(종중의 대표자 권한에 관련한 사건임).

8) 대법원 1982. 2. 9. 선고 80다2424 판결.

조 1항은 법률 또는 정관에 정한 이사의 원수를 결한 경우에는 임기의 만료 또는 사직으로 인하여 퇴임한 이사는 새로 선임된 이사가 취임할 때까지 이사의 권리의무가 있다고 규정하기 때문에 이들에 대한 신청이 가능할지 의문스러울 수 있는데 같은 조 2항에 따르면 이들이 이사의 직무를 수행하기 부적합다고 판단되면 이해관계인은 일시 이사의 직무를 행할 자를 선임할 수 있기 때문에 퇴임한 이사에 대한 신청은 적절한 분쟁해결 수단이 될 수 없다.

4. 신청의 관할

가처분 재판은 본안의 관할 법원이 관할한다. 상법상 본안을 관할 할 법원은 회사 본점 소재지 지방법원이다.

5. 신청취지와 보전의 필요성

신청취지는 "채권자의 A주식회사에 대한 주주총회결의취소사건의 본안판결 확정시까지 채무자 B는 위 회사의 대표이사 및 이사의 직무를, 채무자 C, D는 위 회사의 이사의 직무를 각 집행하여서는 아니 된다. 위 직무집행 기간 중 별지목록기재[9] 사람을 직무대행자로 선임한다."이다.

이사직무집행정지의 가처분의 보전의 필요성을 심사할 때는 특

---

[9] 별지목록에는 이사 겸 대표이사 직무대행자 및 이사 직무대행자의 각 성명, 주민번호, 주소를 기재한다.

히, 본안에서 신청인이 승소한다고 하더라도 다시 피신청인 이사로 선임될 개연성이 얼마나 되는가가 중요시된다.[10] 따라서 회사의 주식 60%를 소유한 주주에 의하여 선임된 자를 피신청인으로 한 때에는 이들을 회사의 경영에서 배제하고 그 대행자를 선임할 필요성을 인정하기 어렵다는 결정례가 있다.[11]

6. 신청절차상 특징과 직무대행자

정지되는 직무에는 이사로서의 직무와 대표이사로서의 직무가 구분되므로 이를 특정하여야 하며 정지되는 기한도 본안판결 확정 시까지인지 본안 1심판결 선고 시까지인지 특정하여야 한다. 직무대행자를 누구로 선임할 것인가는 법원의 자유재량이라고 하지만 가처분으로 직무집행이 정지된 자를 선임할 수는 없다.[12] 일단 선임한 직무대행자가 부적합한 때에는 법원의 재량으로 개임할 수 있다. 직무대행자는 가처분명령에 다른 정함이 있는 경우 외에는 회사의 상무에 속하지 아니한 행위를 하지 못한다. 상무 이외의 행위는 법원의 허가를 얻어야 한다(408조 1항). 상무의 범위에 관하여 직무대행자가 변호사에게 소송대리를 위임하고 보수계약을 체결하거나 그와 관련하여 반소 제기를 위임하는 행위는 회사의 상무에 속하지만, 회사의 상대방 당사자의 변호인의 보수지급에 관한 약정은 회사의 상무에 속하지 않는다.[13] 재단법인의 근간인 이사회

---

10) 민사집행(IV) 335쪽, 商事研究會 II 891頁.
11) 대법원 1991. 3. 5. 자 90마818 결정.
12) 대법원 1990. 10. 31. 자 90그44 결정.

의 구성 자체를 변경하는 것은 상무 이외의 행위이다.[14] 직무대행
자가 법원의 허가 없이 회사의 상무에 속하지 아니하는 행위를 하
였어도 선의의 제3자에 대해서는 책임을 진다(408조 2항). 대표이
사의 직무집행정지 및 직무대행자선임의 가처분이 이루어진 이상,
그 후 대표이사가 해임되고 새로운 대표이사가 선임되었다 하더라
도 가처분결정이 취소되지 아니하는 한 직무대행자의 권한은 유효
하게 존속하는 반면 새로이 선임된 대표이사는 그 선임결의의 적
법 여부에 관계없이 대표이사로서의 권한을 가지지 못한다.[15] 피신
청인은 주주총회를 개최하여 피대행자를 해임하고 후임자를 선임
한 사정변경을 이유로 가처분의 취소를 구하여야 한다.[16]

7. 가처분의 효력과 이후의 처리

주식회사 이사 등의 선임결의취소, 무효, 부존재확인의 소는 대
세효가 있으므로 이사만을 피신청인으로 한 가처분은 회사에 대해
서도 효력이 있다. 가처분이 발령되어도 주주총회는 직무집행을 정
지당한 이사를 해임하고 후임자를 선임할 수 있다. 직무집행이 정
지된 이사를 다시 이사로 선임할 수 있다.

가처분이 발령되면 그 사항을 등기하여야 한다(407조 3항). 등기
는 법원의 법원사무관 등이 등기할 등기소에 촉탁하여 집행한다(민

---

13) 대법원 1989. 9. 12. 선고 87다카2691 판결.
14) 대법원 2002. 2. 11. 선고 99다30039 판결.
15) 대법원 1992. 5. 12. 선고 92다5638 판결.
16) 대법원 1997. 9. 9. 선고 97다12167 판결.

집 306조). 이사에 대한 직부집행정지 등 가처분은 등기하지 아니하면 선의의 제3자에게 대항하지 못하고(37조 1항), 등기 후라도 제3자가 정당한 사유로 인하여 이를 알지 못한 때에는 역시 대항하지 못한다(37조 2항).

직무집행정지명령이 발령되면 직무대행자가 회사를 대표하게 된다. 직무집행 정지된 대표이사 등은 본안 소송에 공동소송적 보조참가를 할 수 있다.

판례 색인

【하급심 판례】

【일본 판례】

最高裁判所 昭和 29. 2. 19. 判決 142
最高裁判所 昭和 33. 5. 20. 判決 234
最高裁判所 昭和 35. 3. 11. 判決 133
最高裁判所 昭和 40. 6. 29. 判決 157
最高裁判所 昭和 45. 7. 15. 判決 233
最高裁判所 昭和 61. 3. 13. 判決 234
最高裁判所 平成 2. 11. 8. 判決 192
最高裁判所 平成 5. 12. 16. 判決 19, 150, 153, 165
最高裁判所 平成 9. 1. 28. 判決 161
最高裁判所 平成 10. 3. 27. 判決 18, 122
最高裁判所 平成 13. 1. 30. 判決. 107
最高裁判所 平成 16. 7. 1. 判決 192
最高裁判所 平成 18. 9. 28. 判決 190
最高裁判所 平成 19. 8. 7. 判決 149

東京地方裁判所 昭和 28. 12. 28. 判決 125
東京地方裁判所 昭和 30. 2. 28. 判決 202
新戸地方裁判所 昭和 51. 6. 18. 判決 125
大阪高等裁判所 昭和 54. 10. 30. 判決 103
東京地方裁判所 昭和 55. 9. 30. 判決 193
東京地方裁判所 平成 1. 7. 18. 判決 234
高松高等裁判所 平成 8. 1. 29. 判決 234
東京高等裁判所 平成 17. 6. 28. 決定 246, 248

전형배 ———————————————————————————————

▌약 력

　사법연수원 수료
　고려대학교 법과대학원 수료(법학석사)
　현, 강원대학교 법학전문대학원 교수

▌주요 저서 및 논문

　『노동판례연구 I』(한국학술정보(주), 2009)
　『도산절차와 근로관계의 승계』(한국노동법학회, 2008)
　『산업안전보건법의 양벌규정의 개정에 관한 연구』(안암법학회, 2008)
　『외국인근로자 고용정책』(한국법학원, 2009)
　외 다수

회사
관계
소송

초판인쇄 ｜ 2009년 12월 24일
초판발행 ｜ 2009년 12월 24일

지은이 ｜ 전형배
펴낸이 ｜ 채종준
펴낸곳 ｜ 한국학술정보㈜
주　소 ｜ 경기도 파주시 교하읍 문발리 파주출판문화정보산업단지 513-5
전　화 ｜ 031) 908-3181(대표)
팩　스 ｜ 031) 908-3189
홈페이지 ｜ http://www.kstudy.com
E-mail ｜ 출판사업부　publish@kstudy.com
등　록 ｜ 제일산-115호(2000. 6. 19)

ISBN　　978-89-268-0696-8 93360 (Paper Book)
　　　　978-89-268-0697-5 98360 (e-Book)